DIE VERGESSENE KUNST DES

Handtuch-Origami

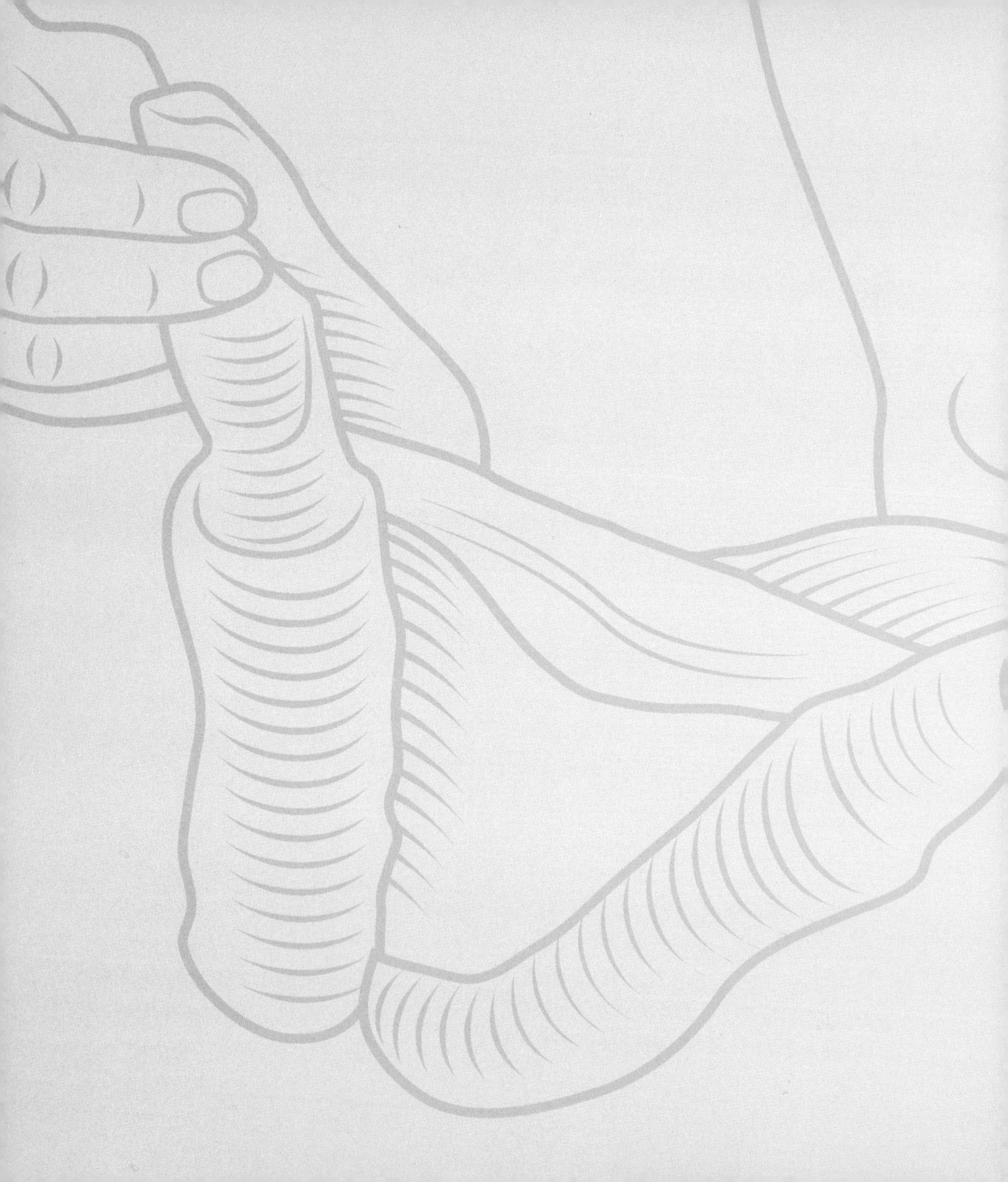

DIE VERGESSENE KUNST DES

Handtuch-Origami

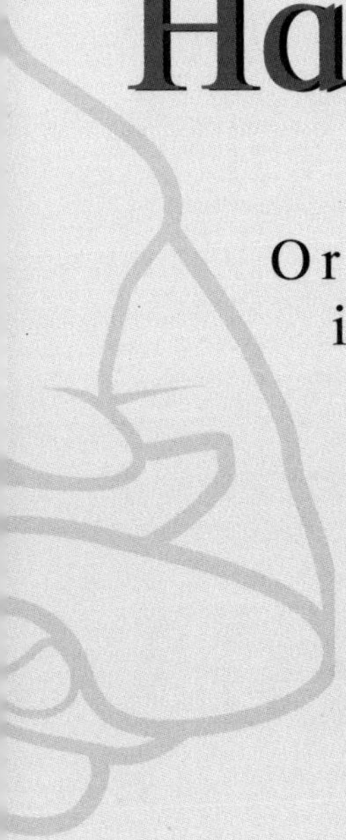

Originelle Badezimmer-Dekorationen im Handumdrehen selbst gemacht

Alison Jenkins

Layout: Joanna Clinch
Fotos: Simon Punter

Parragon
Queen Street House
4 Queen Street
Bath BA1 1HE, UK

Übersetzung:
Anke Wellner-Kempf, Jetzendorf
Redaktion und Satz: trans texas GmbH, Köln

ISBN 1-40546-359-7

Printed in China

Einleitung

Woher die Kunst des Origami mit Handtüchern stammt, ist nicht bekannt – es gibt aber viele Theorien. So soll Königin Kleopatra bei ihren endlosen Milchbädern damit unterhalten worden sein, dass ihre Dienerinnen ausgefallene Formen aus Stoffen gestalteten. Einer anderen Theorie zufolge geht die Kunst auf die beschwingten 1920er-Jahre zurück. Damals sollen sich die Kreuzfahrt-Passagiere die Zeit zwischen den Cocktails damit vertrieben haben, dass sie ihre Handtücher kunstvoll falteten. Wahrscheinlich wird die Frage nach der Herkunft des Handtuch-Origami niemals vollständig geklärt werden, und so kann sich jeder die Theorie auswählen, die ihm am besten gefällt. Entscheidend für uns ist, dass diese außergewöhnliche alte Kunst heute wieder entdeckt wurde.

Im Gegensatz dazu sind die Wurzeln des klassischen Origami (zu deutsch: Papier falten) gut bekannt. Es geht auf die alte japanische Tradition zurück, ein kostbares Geschenk in einem kunstvoll gefalteten Papiergebilde zu überreichen. Ende des 19. Jahrhunderts hatte sich diese praktische Kunst zu einem beliebten Kunsthandwerk entwickelt.

Zwischen Handtuch-Origami und traditionellem Origami gibt es einen deutlichen Unterschied: Letzteres wird aus glattem, festem, leicht faltbarem Papier hergestellt, Handtuch-Origami dagegen aus weichen, flauschigen Handtüchern in unterschiedlichen Stärken und Größen.

Der Erfolg oder Misserfolg traditioneller Origami-Kunstwerke steht und fällt mit der Genauigkeit und der Festigkeit der Faltungen im Papier. Dies spielt beim Falten der Handtücher jedoch keine Rolle. Im Unterschied zum traditionellen Origami beruht die Kunst des Handtuch-Origami sehr stark auf einer Reihe von Form-Techniken in Kombination mit einfachen Grundfaltungen.

Die Kunst des Handtuch-Origami erfordert keine besonderen Fertigkeiten, keine bestimmte Ausrüstung und noch nicht einmal besonders viel Geduld. Alles, was man dafür braucht, ist etwas Gespür für Formen und natürlich eine gehörige Portion Humor.

Eignen Sie sich zunächst die auf den folgenden Seiten beschriebenen Grundtechniken an. Dann können Sie mit den Modellen beginnen, die nach ihrem jeweiligen Schwierigkeitsgrad bewertet sind. Es empfiehlt sich, zunächst mit den einfachen Formen zu beginnen. Wenn Sie diese sicher beherrschen, probieren Sie die Modelle mit dem mittleren Schwierigkeitsgrad aus, bis Sie sich versiert genug fühlen, um auch die etwas schwierigeren Formen zu meistern.

1 einfach
2 mittel
3 schwieriger

Ob Sie die Handtücher zu Ihrem eigenen Vergnügen falten oder um Ihre Familie oder Ihre Gäste zu erfreuen – Bad und Schafzimmer werden niemals mehr dasselbe sein!

Falt-techniken

Die akkuraten Falten, die für das traditionelle Origami so typisch sind, können mit weichen Handtüchern nicht genau nachgebildet werden. Dennoch werden ähnliche grundlegende Falttechniken angewandt. Hinzu kommen einige ungewöhnlichere Techniken, die für interessante Effekte sorgen – beispielsweise Handgriffe des Formens und Modellierens und manchmal auch ein etwas kraftvolleres Einwirken auf die Form. Eignen Sie sich zunächst die folgenden Grundtechniken an.

Zeichenerklärung

----- Gestrichelte Linien bedeuten eine Falte, die entweder gefaltet bleibt, oder wieder entfaltet wird. Sie dient dazu, die Mittellinie oder eine vertikale oder horizontale Unterteilung des Handtuchs zu markieren.

↶ Dieses Symbol bedeutet, dass das Stück gewendet wird, wobei alle Faltungen und Formen intakt bleiben sollen. Am besten ist es, wenn man dazu mit einer Hand unter die Form gleitet, die andere Hand von oben auflegt und die Form so schnell umdreht.

⟶ Die Pfeile zeigen an, in welche Richtung das Handtuch jeweils vollständig oder in Teilen gefaltet, gerollt, gesteckt oder ausgezogen wird.

Grundfaltungen

Alle Formen in diesem Buch beginnen damit, dass ein Handtuch auf einer Fläche – wie dem Fußboden oder dem Bett – ausgelegt wird. Befolgen Sie die Anweisungen sorgfältig. Beginnen Sie immer genau wie angegeben, mit dem horizontal oder vertikal ausgelegten Handtuch, da dies die fertige Form Ihres Modells beeinflusst.

Horizontal ausgelegtes Handtuch

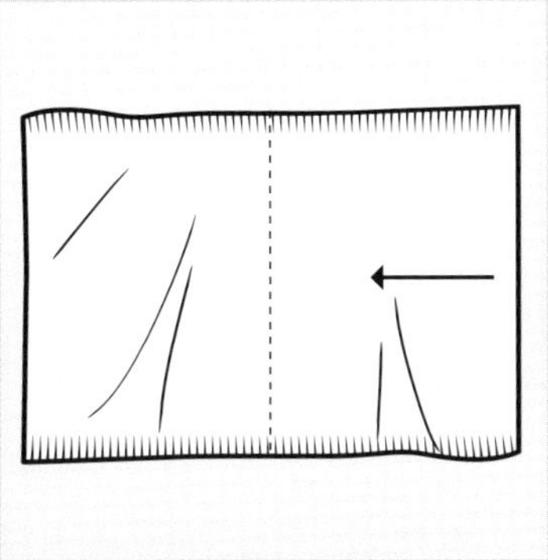

Der Breite nach auf die Hälfte falten
Das Handtuch horizontal auslegen.

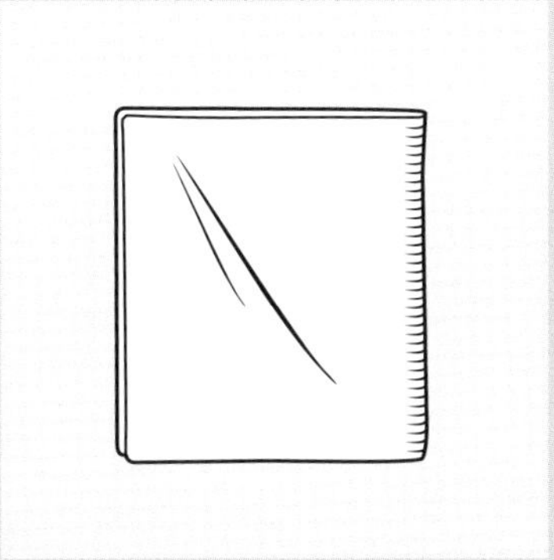

Die rechte Kante auf die linke falten und anschließend die Faltkante mit der Handfläche glatt streichen.

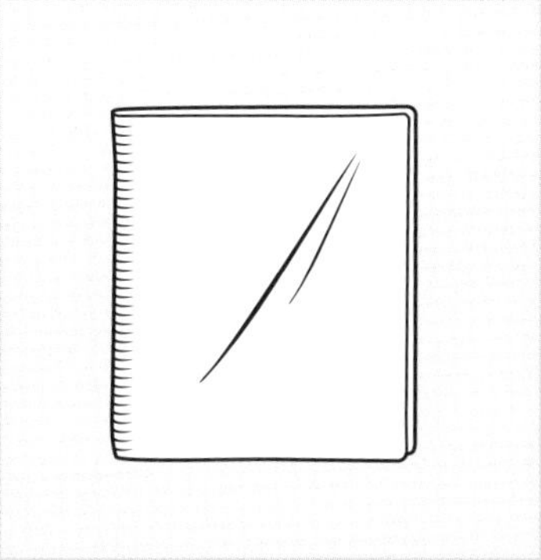

Dies kann bei entsprechender Anleitung auch in umgekehrter Richtung erfolgen.

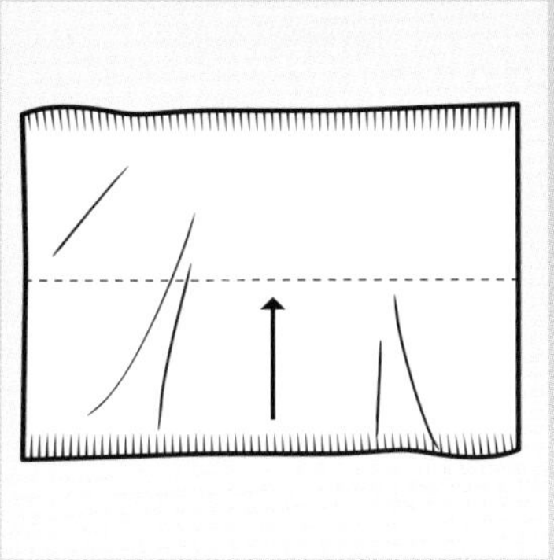

Der Länge nach auf die Hälfte falten
Das Handtuch horizontal auslegen.

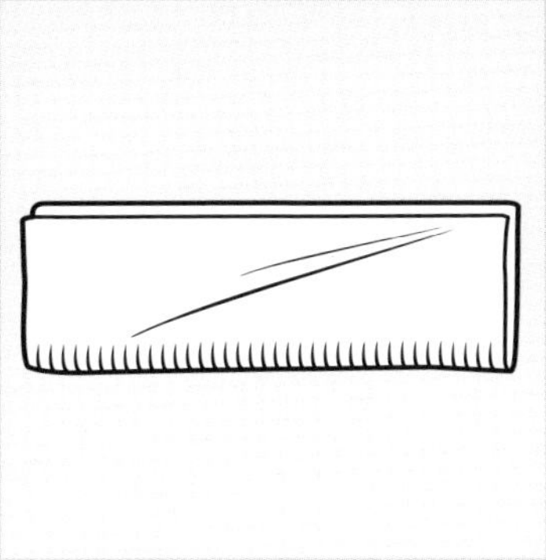

Die untere Kante auf die obere falten und anschließend die Faltkante mit der Handfläche glatt streichen.

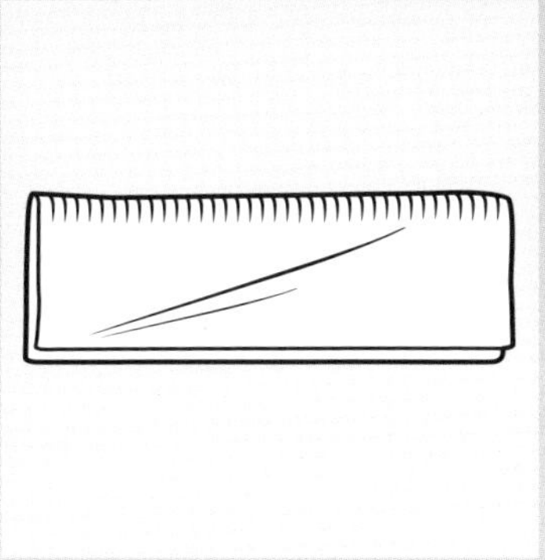

Dies kann bei entsprechender Anleitung auch in umgekehrter Richtung erfolgen.

Vertikal ausgelegtes Handtuch

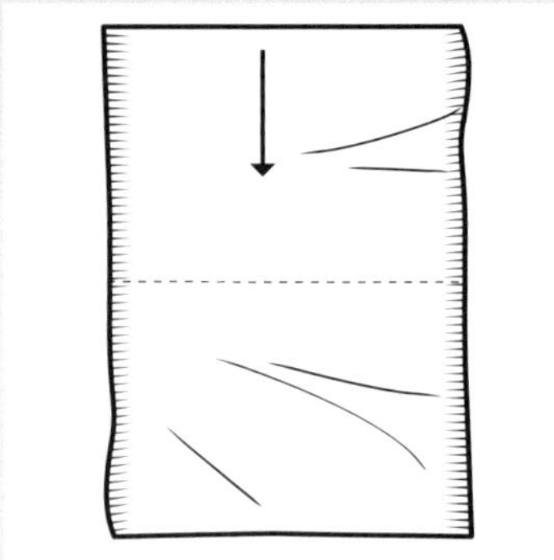

Der Breite nach auf die Hälfte falten
Das Handtuch vertikal auslegen.

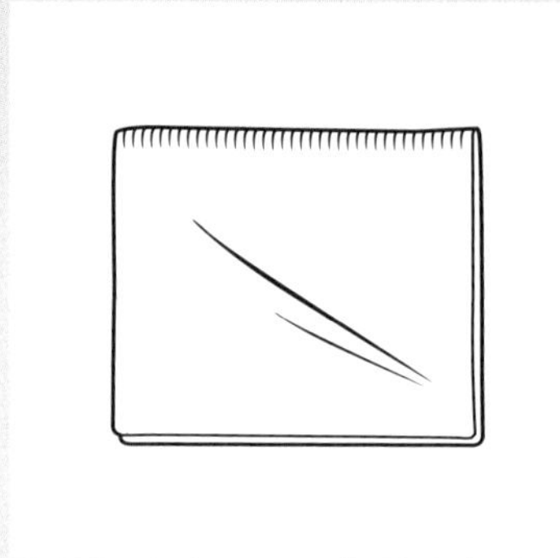

Die obere Kante auf die untere falten und anschließend die Faltkante mit der Handfläche glatt streichen.

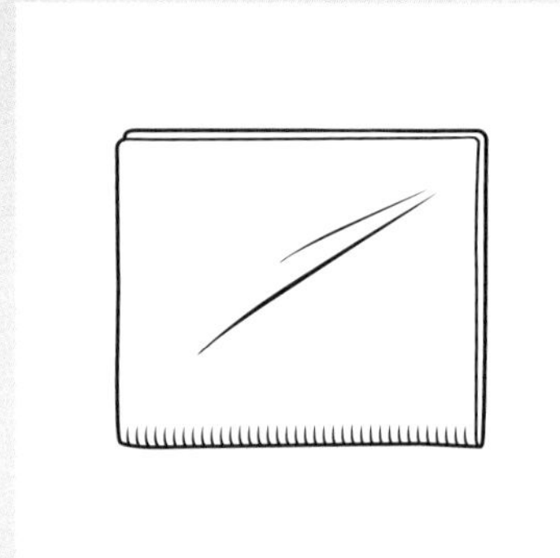

Dies kann bei entsprechender Anleitung auch in umgekehrter Richtung erfolgen.

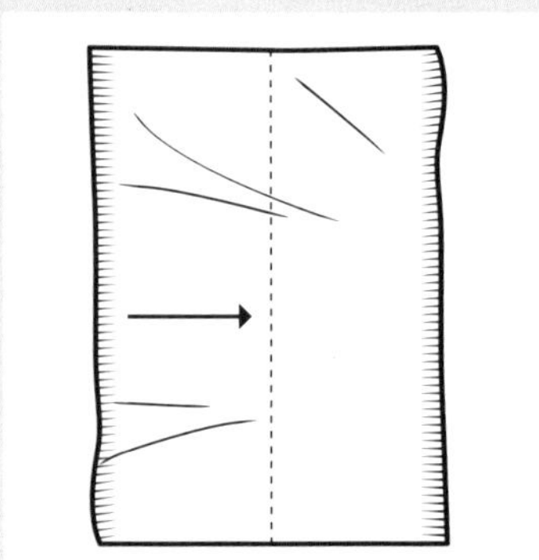

Der Länge nach auf die Hälfte falten
Das Handtuch vertikal auslegen. Die linke Kante auf die rechte falten.

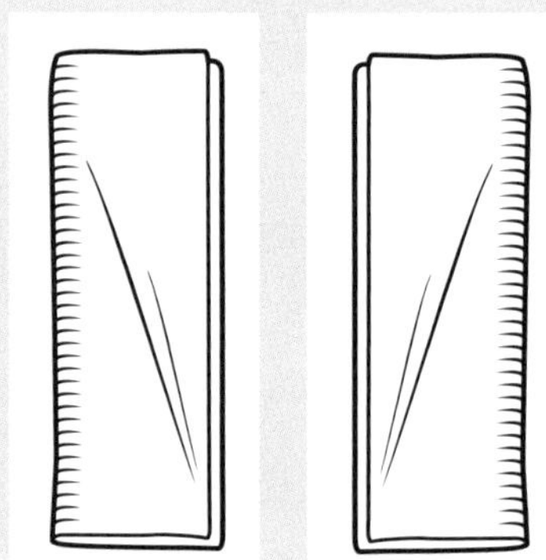

Anschließend die Faltkante mit der Handfläche glatt streichen.
Dies kann auch in umgekehrter Richtung erfolgen.

HINWEIS

Mit diesen Techniken können Sie das Handtuch auf ein Drittel, ein Viertel oder noch kleiner falten. Falten Sie das Handtuch nach Anleitung und streichen Sie die Faltkanten flach. Verwenden Sie die Form wie angegeben oder entfalten Sie sie wieder, und nutzen Sie die Falten als Orientierungslinien.

Rollen und Dehnen

Im Gegensatz zu Papier lassen sich Handtücher rollen und dehnen. Mit den folgenden einfachen Arbeitsschritten können Sie einen Elefantenrüssel, einen Schwanenhals oder einen Affen- oder Hundekörper formen. Manche dieser Techniken erfordern etwas Übung und manchmal auch ein wenig Kraft, um das Modell in die richtige Form zu bringen.

Einfache Rolle

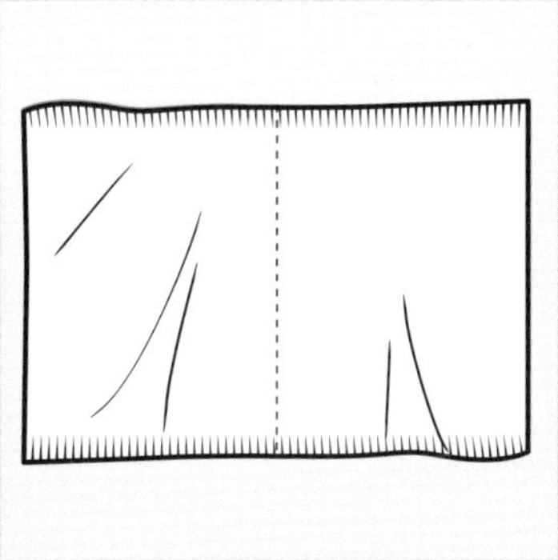

1 Das Handtuch falten und die Mittellinie mit der Hand glatt streichen. Das Handtuch dann wieder entfalten und flach auslegen.

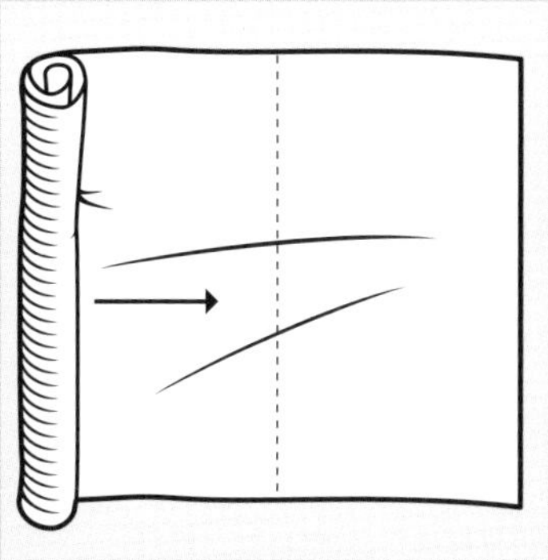

2 Von einer Schmalkante aus das Handtuch fest bis zur Mittellinie aufrollen.

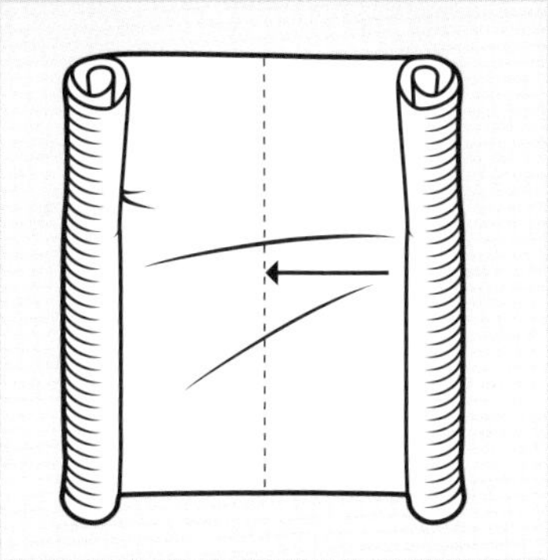

3 Auf dieselbe Weise die andere Hälfte des Handtuchs in Richtung Mittellinie aufrollen.

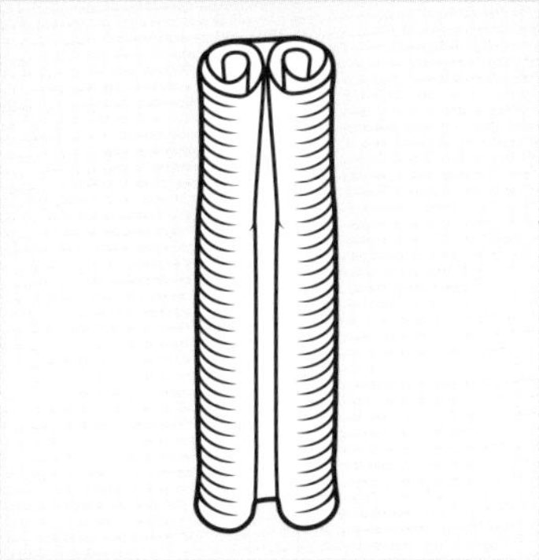

4 Die fertige Form: zwei feste Rollen, die parallel zueinander liegen.

Affenkörper

Vielleicht gelingt Ihnen diese Form erst nach mehreren Versuchen. Man muss einige Male kräftig zupacken und ziehen!

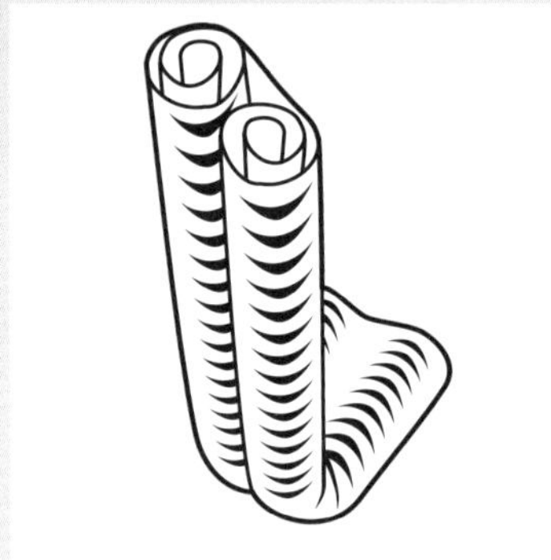

1 Beginnen Sie mit der einfachen Rolle (siehe S. 11).

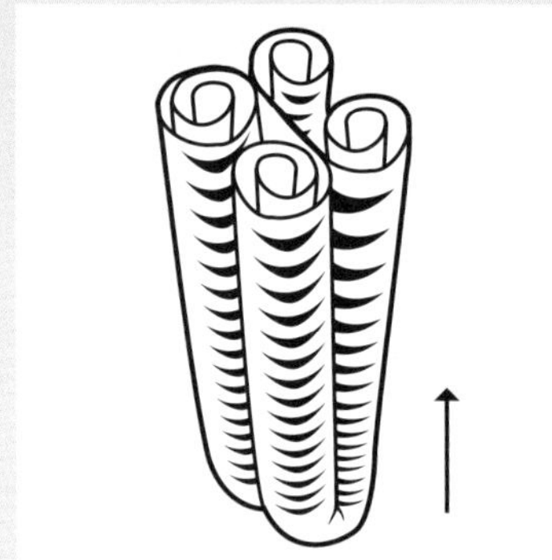

2 Die Rolle in der Mitte falten. Die Rollenenden zeigen nach oben.

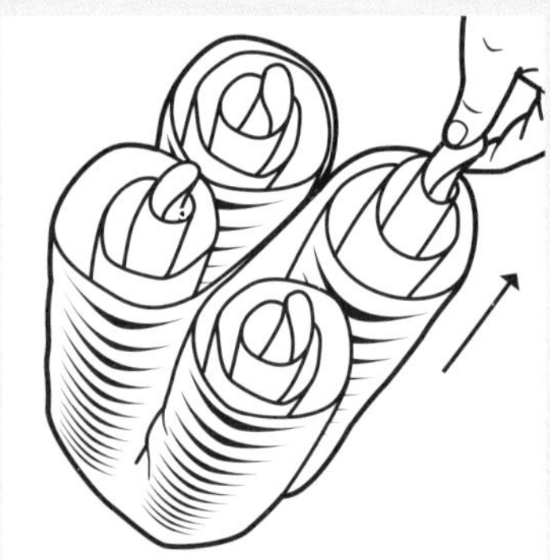

3 Jetzt kommt der schwierigere Teil: Die Ecken des Handtuchs aus den Rollen herausziehen.

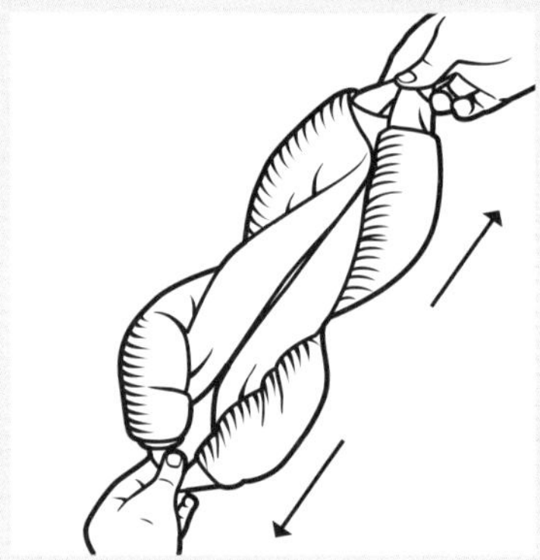

4 Jeweils zwei Ecken mit einer Hand fest greifen und kräftig voneinander weg ziehen.

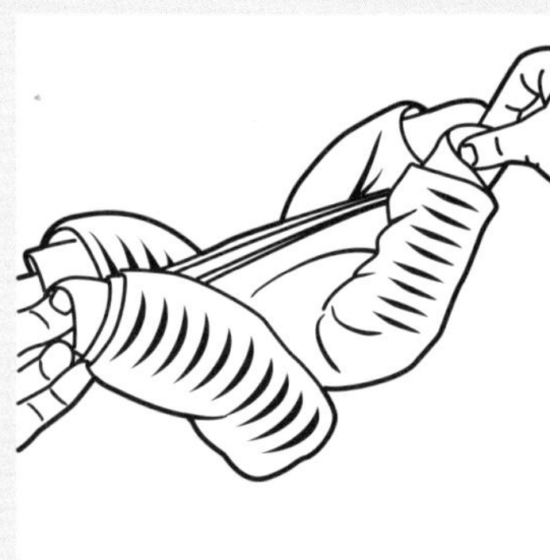

5 Das gefaltete Handtuch zieht sich auseinander und bildet zwei Beine und zwei Arme. Den Körper nun in Form modellieren.

Diagonale Rolle

Diese Rolle bildet den perfekten Elefantenrüssel oder Schwanenhals. Leicht verändert wird sie zum Hundekopf (siehe S. 29).

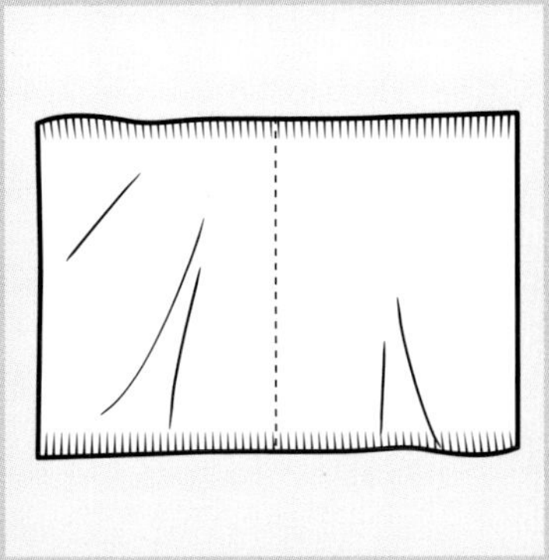

1 Zunächst ein Handtuch mit herausgearbeiteter Mittellinie wie abgebildet auslegen.

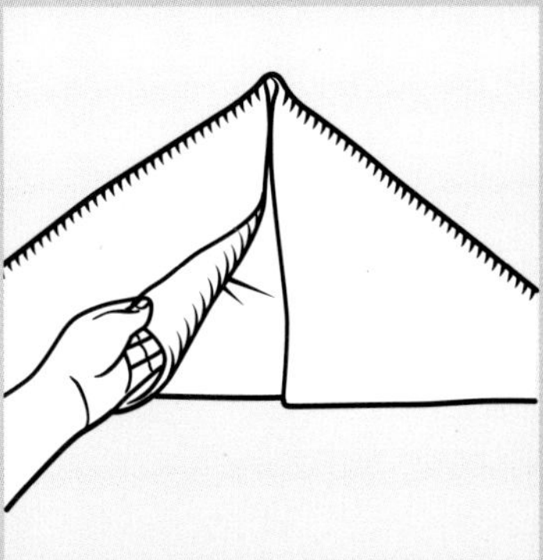

2 Die zwei oberen Ecken nach unten auf die Mittellinie falten und die Kanten glatt streichen.

TIPP

Diese Form rollt sich schnell wieder auf. Um dies zu verhindern, kann sie mit einer Sicherheitsnadel festgehalten werden, die man ganz einfach hinter einer Sonnenbrille versteckt.

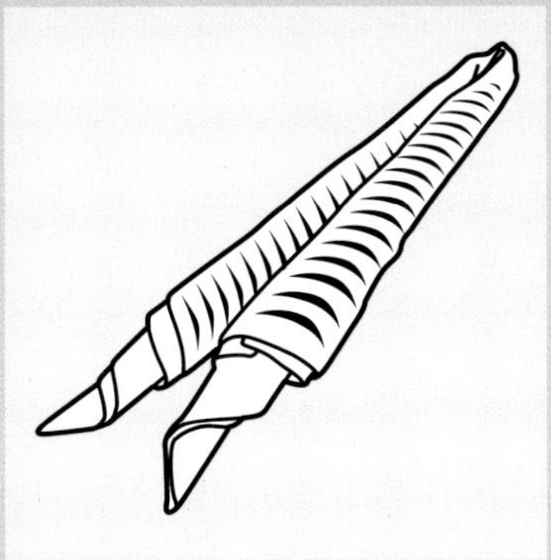

3 Die Diagonalen in Richtung Mittellinie rollen. Die Form drehen.

4 Jede Rolle mit einer Hand greifen und leicht nach außen Richtung Mitte biegen. Das lange Ende nimmt eine schöne Rüsselform an. Dieselbe Technik für den Schwan anwenden.

Flügelspitzen und Einschläge
Durch eine einfache Falttechnik entstehen Flügelspitzen, die in zwei Richtungen gefaltet werden können. Durch Einschläge lassen sich rechtwinklige Ecken abrunden, sodass eine etwas rundere Silhouette entsteht.

Die erste Technik wird bei der Windmühle und bei dem Fisch angewandt, die zweite eignet sich für das Herz, die Lippen und den Marienkäfer.

Flügelspitzen

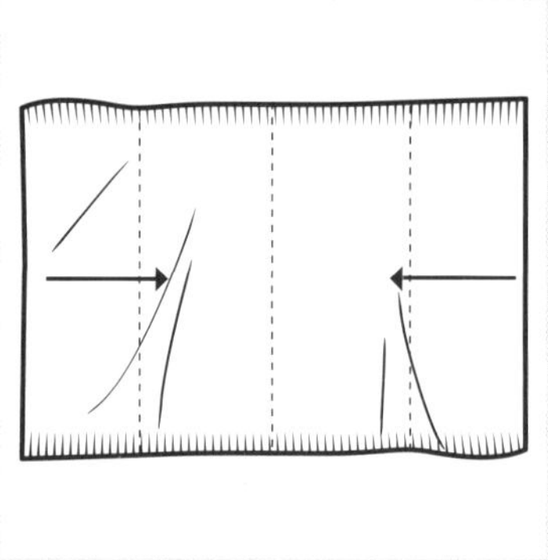

1 Ein Handtuch der Breite nach auf die Hälfte, dann auf ein Viertel falten. Entfalten. Die rechte und linke Seite zur Mittellinie falten.

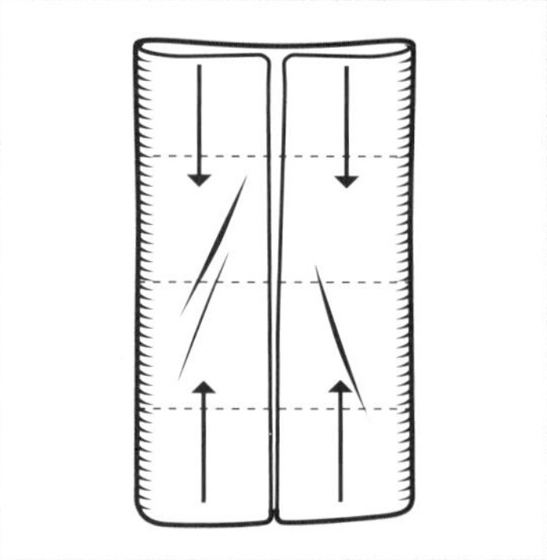

2 Das Handtuch der Länge nach auf die Hälfte, dann auf ein Viertel falten. Entfalten. Ober- und Unterkante zur Mittellinie falten.

3 Die Form mit den Handflächen glatt streichen, dann in der linken Unterseite nach der Ecke greifen.

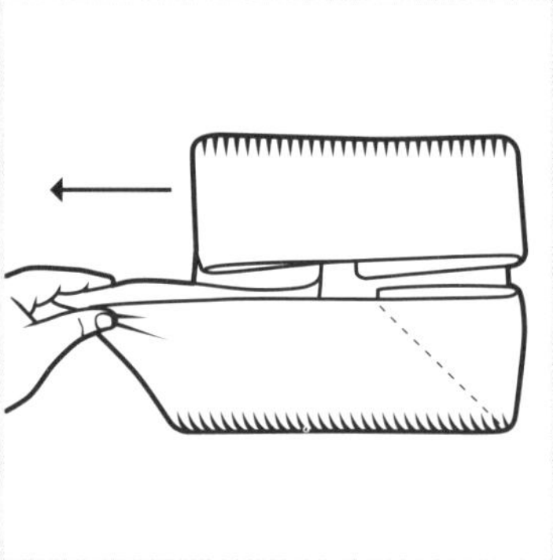

4 Die Ecke nach links ausziehen. Jetzt entsteht eine dreieckige Flügelspitze, die sich glatt streichen lässt. Mit der Fingerspitze an der Stelle der gestrichelten Linie eine Linie ziehen.

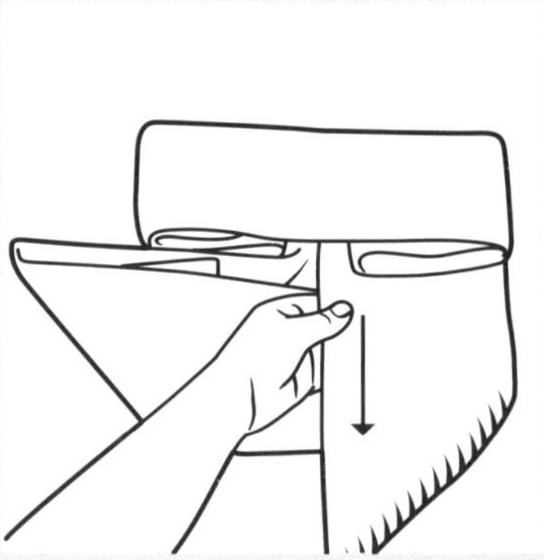

5 Die untere rechte Ecke entlang der angedeuteten Faltkante entfalten. Die Faltkante erleichtert das Aufklappen und Entfalten der Spitze.

Einschlag

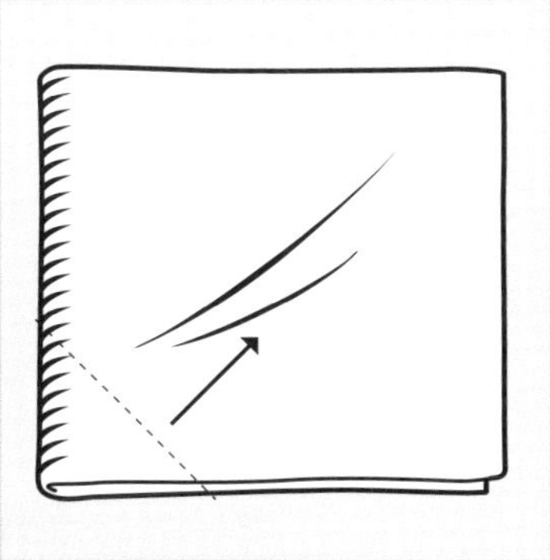

1 Ein Handtuch horizontal auf die Hälfte falten, dann die Ecke wie gezeigt umknicken. Die Ecke mit der Hand glatt streichen.

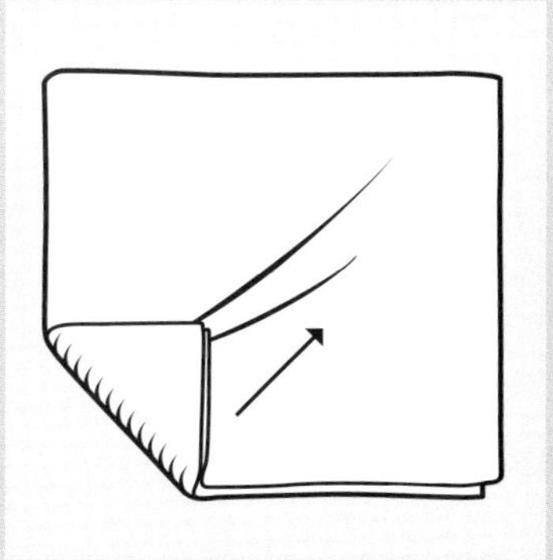

2 Mit der rechten Hand die gefaltete Ecke als Markierung halten und die obere Lage des Handtuchs unter der Ecke hervorziehen.

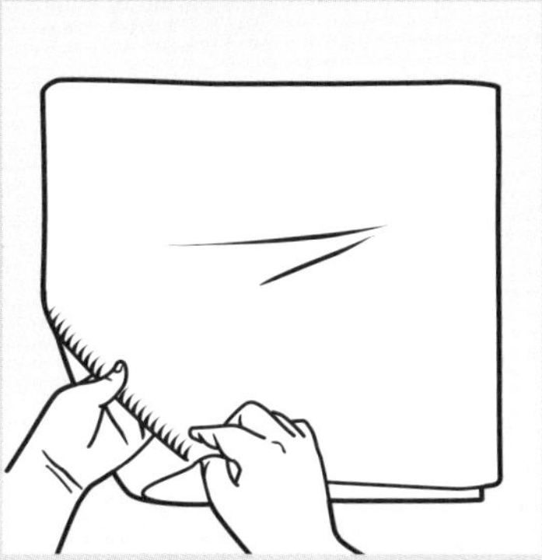

3 Mit der linken Hand in die Form gleiten. Die obere Lage schiebt sich darüber.

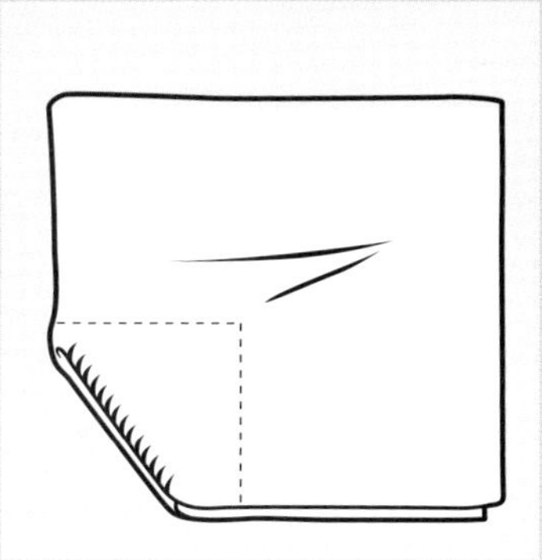

4 Die Ecke ist nun in die Form eingeschlagen und ergibt eine rundere Silhouette.

Geburtstags-torte

Dieses Modell trägt den Namen Geburtstagstorte, es ist aber ebenso gut als Hochzeitstorte oder als Geschenk zur Haus- oder Wohnungseinweihung geeignet. Einfache weiße Handtücher werden mit hübschen roten Satinbändern abgesetzt. Einen ähnlich dekorativen Effekt erzielen pastellfarbene oder auch schokoladenbraune Handtücher mit Spitzen- oder Quastenbändern. Wenn Sie dieses Handtuch-Arrangement verschenken möchten, verpacken Sie es am besten in Zellophan-Folie, damit die Lagen ihre Form behalten.

SIE BRAUCHEN DAFÜR	2 BADETÜCHER 2 HANDTÜCHER 2 GÄSTEHANDTÜCHER 1 WASCHLAPPEN BÄNDER, SICHERHEITSNADELN

1 einfach

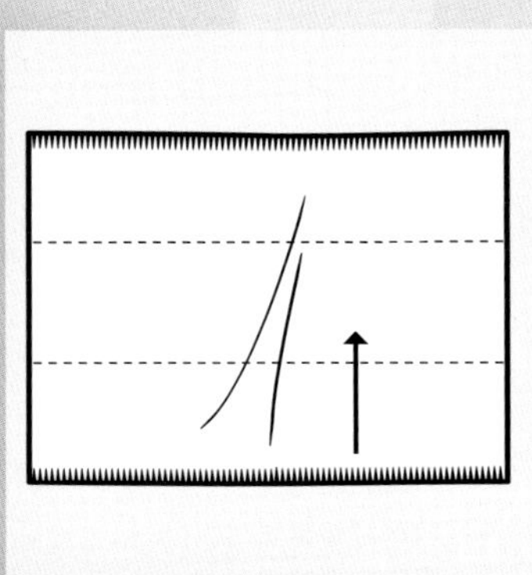

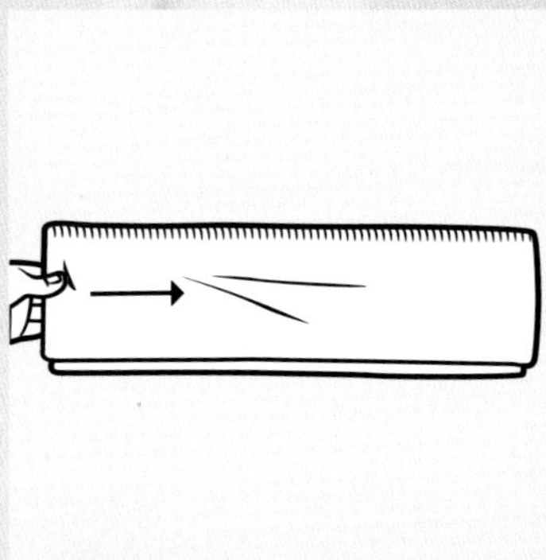

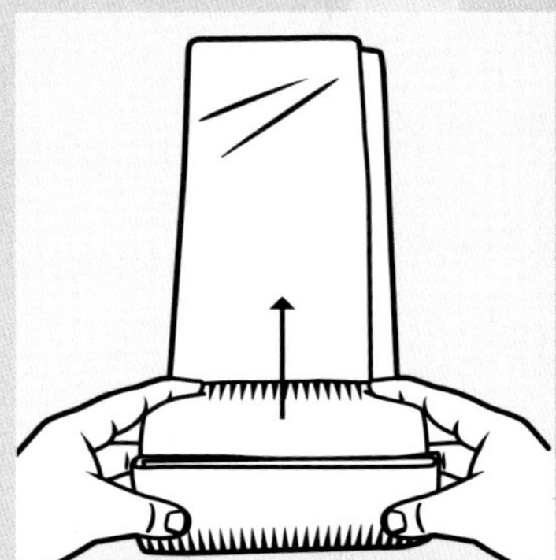

1 Ein Badetuch wie abgebildet horizontal auslegen und auf ein Drittel falten, dabei zuerst den unteren Rand nach oben falten, sodass eine Falte und nicht eine Saumkante den oberen Abschluss bildet. Wenn das Handtuch sehr breit ist, wird es auf ein Viertel gefaltet.

2 Das gefaltete Tuch von einem Ende fest aufrollen. Jetzt das zweite Badetuch auf dieselbe Weise falten.

3 Die Kante des zweiten Badetuchs mit Sicherheitsnadeln an der Saumkante des ersten befestigen und das zweite Badetuch fest um die erste Rolle wickeln.

TIPP

Einen hübschen Effekt erhalten Sie, wenn Sie die Oberseite jeder Stufe mit bunt verpackter Schokolade dekorieren – diese hält sicher nicht, bis es Zeit ist zu baden!

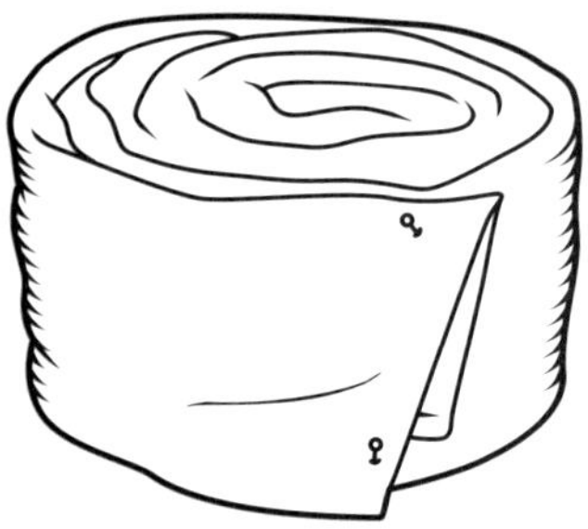

4 Die entstandene Spiralform aufstellen und die losen Enden auf der Rückseite mit Sicherheitsnadeln befestigen.

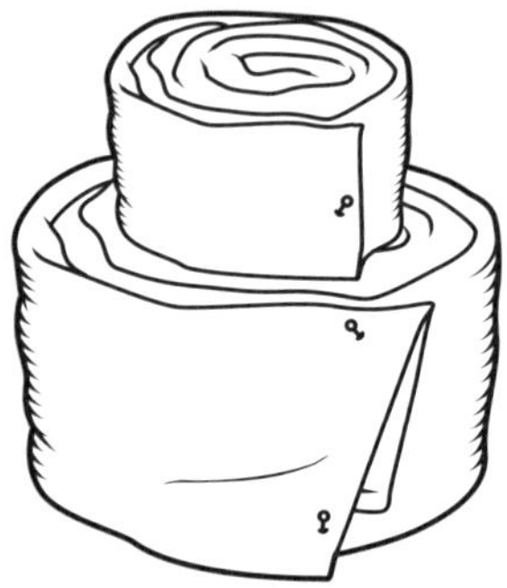

5 Die zweite Tortenschicht auf dieselbe Weise herstellen, diesmal mit den zwei Handtüchern. Die Enden auf der Rückseite befestigen und die zweite Spirale auf die erste setzen.

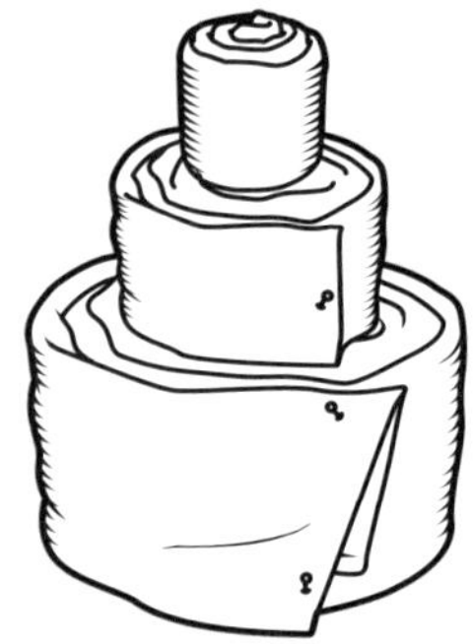

6 Die dritte Tortenschicht auf dieselbe Weise mit den Gästehandtüchern formen und auf die zweite Schicht stellen.

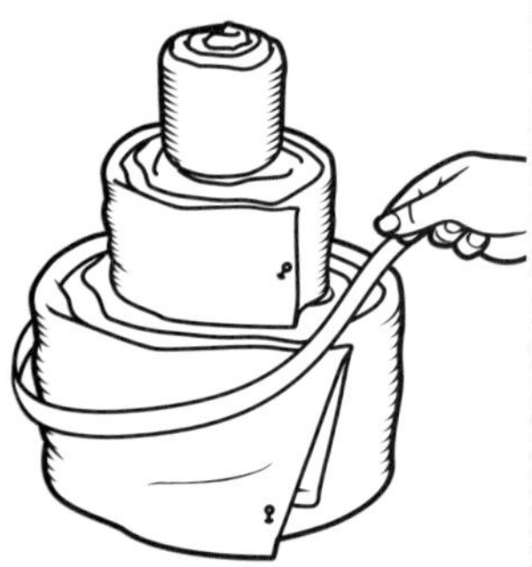

7 Jede Tortenschicht mit einem Satinband umwickeln und mit hübschen Schleifen verzieren. Als Verzierung eignet sich auch jedes andere dekorative Band oder selbst zugeschnittenes Papierband.

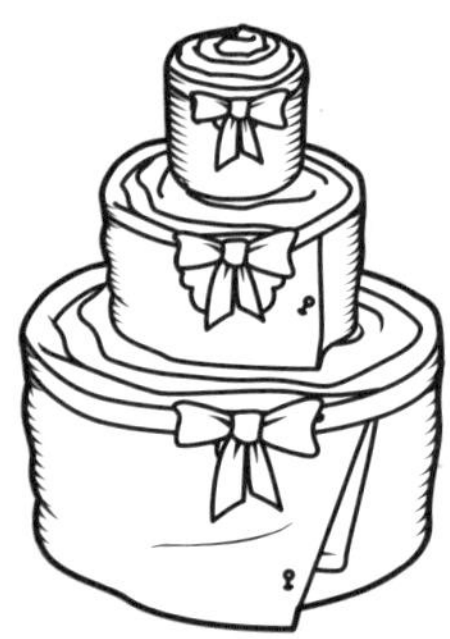

8 Den Waschlappen in der Mitte fassen und die Spitze zurechtzupfen. Das Tuch als dekorativen Abschluss in die oberste Tortenschicht stecken.

Geschenk-korb

Empfangen Sie Ihre Gäste mit einem hübschen Korb, der, gefüllt mit wohltuenden Körperpflegeprodukten, in ihrem Zimmer auf sie wartet. Wählen Sie duftende Seifen und ausgefallene Flaschen mit Badeschaum oder Shampoo, passend zur Farbe der Handtücher. Oder wie wäre es mit einer kleinen Flasche Champagner als Extra-Überraschung?

SIE BRAUCHEN DAFÜR	1 BADETUCH 1 WASCHLAPPEN SICHERHEITSNADELN SEIFEN UND KÖRPERPFLEGEARTIKEL

2 mittel

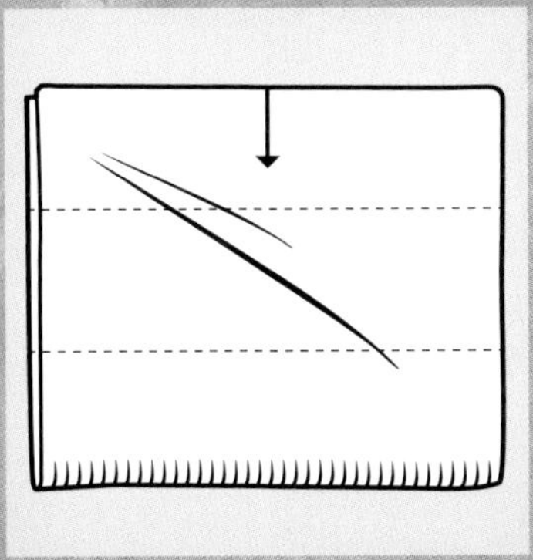

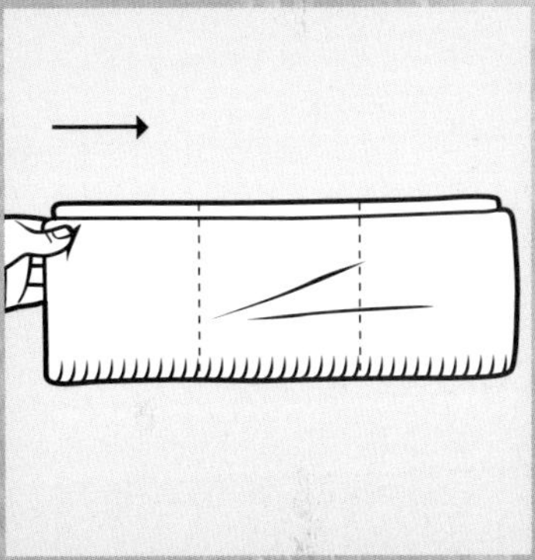

1 Das Badetuch vertikal auslegen, dann auf die Hälfte falten, indem die untere Kante auf die obere gelegt wird. Die Faltkante mit der Handfläche glatt streichen.

2 Das gefaltete Badetuch vertikal mit dem Zeigefinger in drei Teile unterteilen, dann entlang der Linien falten. Dabei von oben nach unten vorgehen.

3 Die entstandene Form nun horizontal in drei Teile unterteilen und entlang der Linien falten. Dann die Faltkanten mit der Handfläche glatt streichen.

TIPP

Dieser Korb ist zwar recht robust, dient aber nur dekorativen Zwecken. Um nicht zu riskieren, dass die Flaschen herausfallen, sollte er keinesfalls am Griff getragen werden!

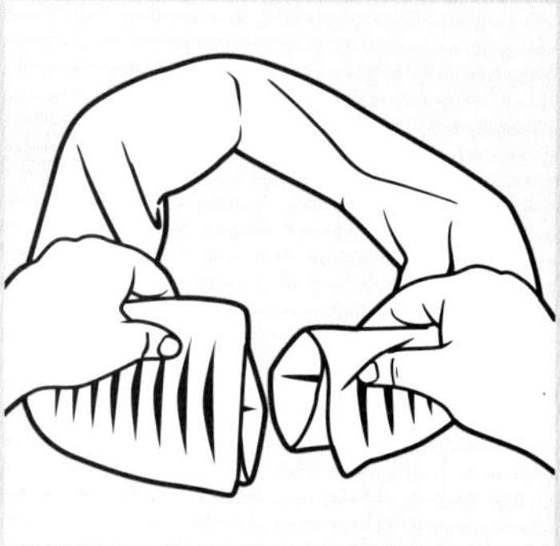

4 Die obere Lage auf der linken Seite öffnen und die rechte Seite hineinstecken, sodass ein fester Ring entsteht. Die oberen Kanten mit einer Sicherheitsnadel befestigen.

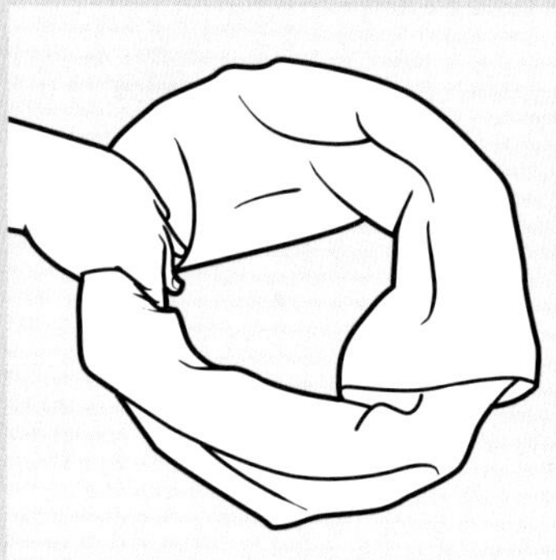

5 Den Ring nun nach innen öffnen. Dabei mit der Hand in die Mitte der Falten greifen und das Handtuch nach unten ziehen, um den Boden des Korbes zu formen.

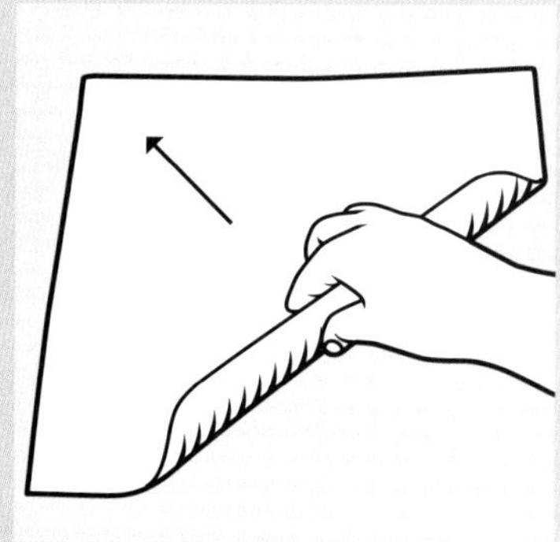

6 Den Waschlappen von einer Ecke aus diagonal aufrollen, dann umdrehen. Diese Form bildet den Griff. Wenn der Waschlappen recht weich ist, kann der Griff mit Seidenpapier verstärkt werden.

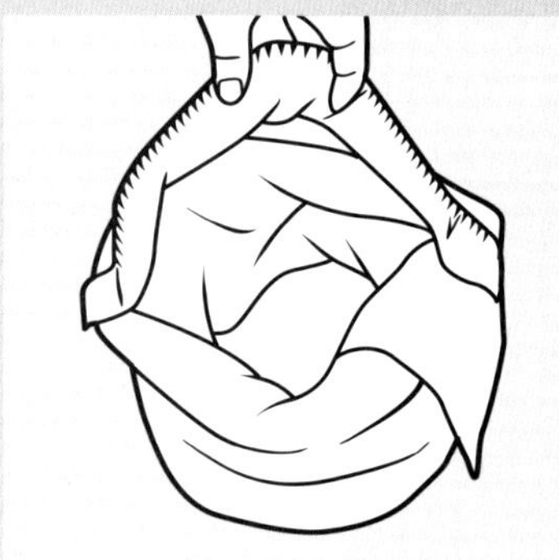

7 Die Griffenden mit Sicherheitsnadeln am oberen Rand des Korbs feststecken.

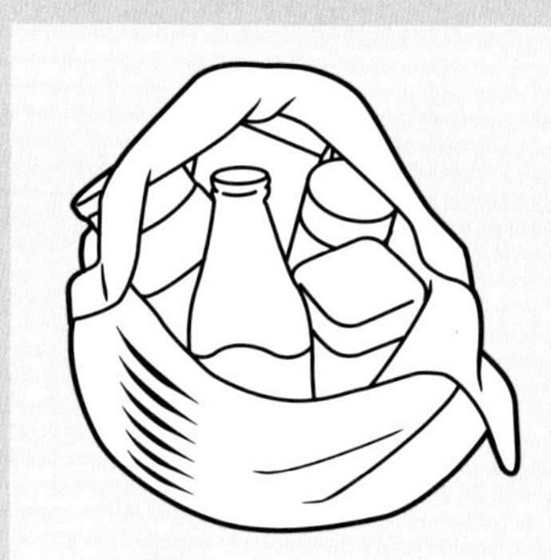

8 Den Korb mit Pflegeartikeln füllen. Ein zweiter Waschlappen in einer kontrastierenden Farbe bringt einen zusätzlichen dekorativen Effekt.

Raffinierter Fächer

Für dieses sehr einfache, klassische Modell sind keine ausgefallenen Falt- oder Formtechniken erforderlich – es besteht ganz einfach aus geraden Ziehharmonikafalten, so genannten Berg- und Talfalten. Sie müssen lediglich darauf achten, dass alle Falten dieselbe Breite besitzen. Verwenden Sie entweder Handtücher in einer Farbe oder erzielen Sie einen hübschen Effekt, indem Sie für das kleinere Handtuch eine kontrastierende Farbe wählen.

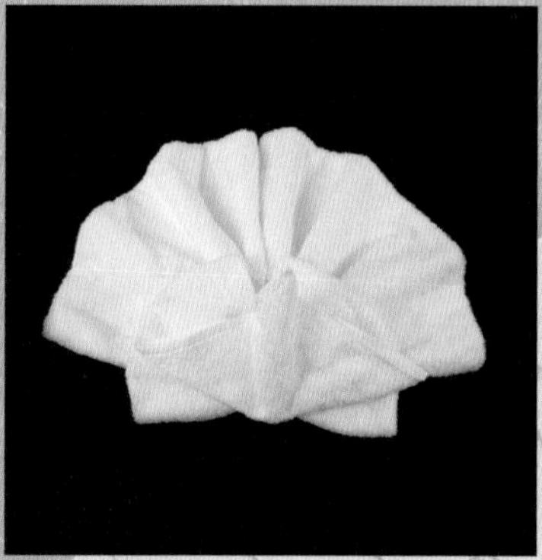

SIE BRAUCHEN DAFÜR	
	1 HANDTUCH 1 WASCHLAPPEN ODER 1 GÄSTEHANDTUCH 2 GUMMIBÄNDER 2 SICHERHEITSNADELN

einfach

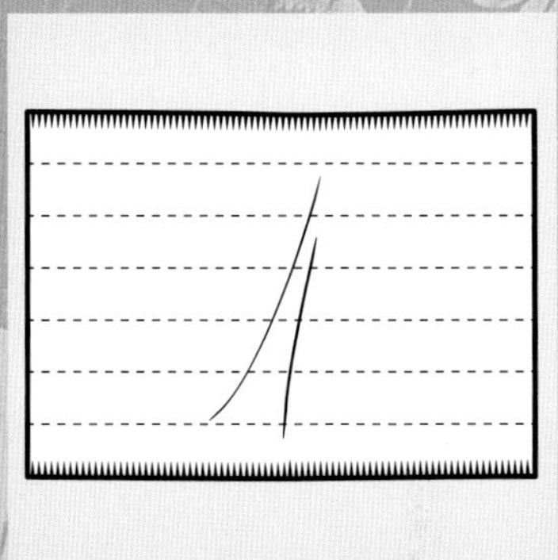

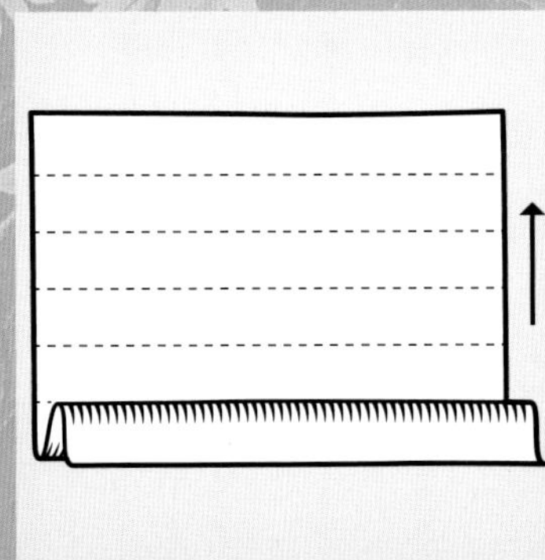

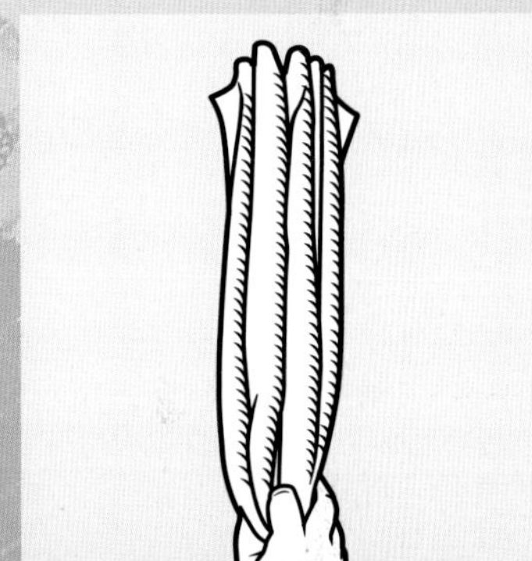

1 Das Handtuch horizontal flach auslegen und über die ganze Breite in etwa 10 cm Abstand mit dem Finger oder dem warmen Bügeleisen regelmäßige Faltlinien ziehen.

2 Das Handtuch entlang der Faltlinien berg- und talfalten und die Faltkanten mit der Handfläche glatt streichen.

3 Jetzt ein Gummiband über die plissierte Form streifen und um die Mitte befestigen. Die Form in der Mitte über dem Gummiband falten.

Wenn Sie Ihre Handtücher zuvor waschen und stärken, kommen die Falten besser heraus. Sie können die erste Falte mit einem Stück Seidenpapier verstärken, um die gesamte Form zu stabilisieren.

TIPP

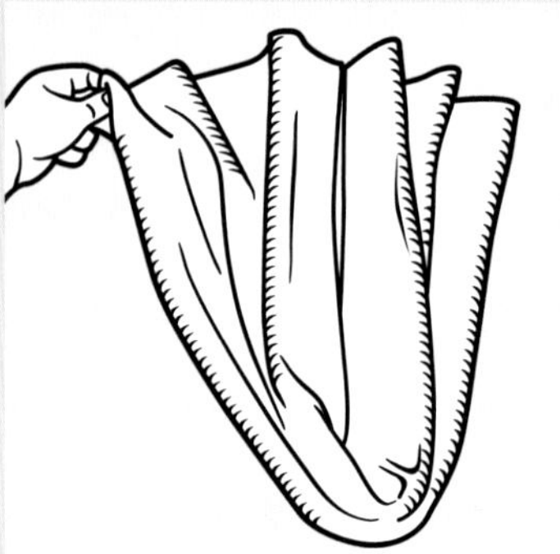

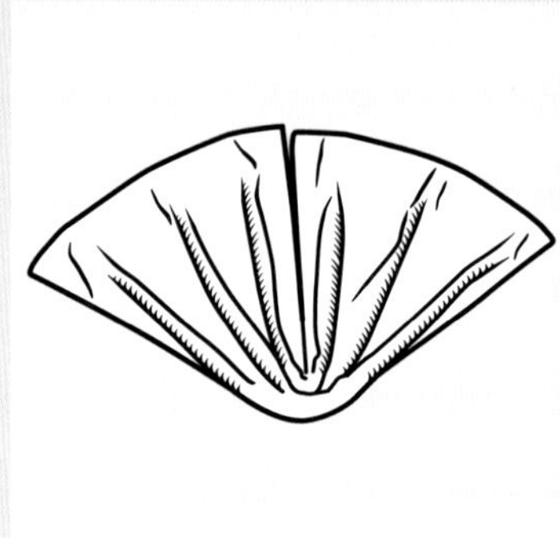

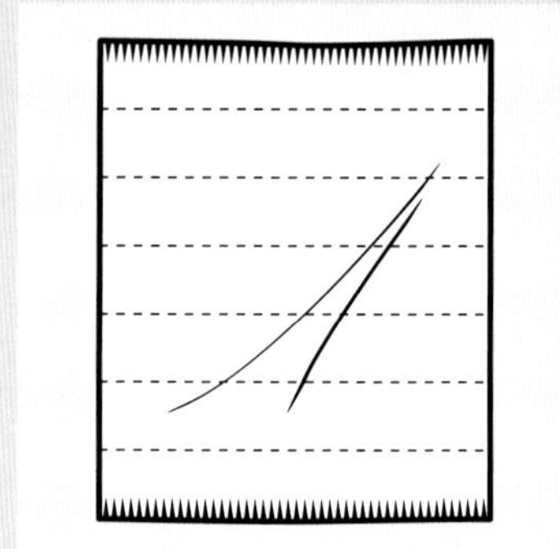

4 Mit einer Sicherheitsnadel die oberen Ecken zusammenstecken, dann die Plisseefalten seitlich entfalten.

5 Die Fächerform flach auf ein Bett legen oder an die Kissen am Kopfende des Bettes lehnen. Die Falten sauber und symmetrisch arrangieren.

6 Einen Waschlappen gleichmäßig über die gesamte Länge wie beschrieben mit schmalen Falten versehen. Wie zuvor die Mitte der plissierten Form mit einem kleinen Gummiband befestigen.

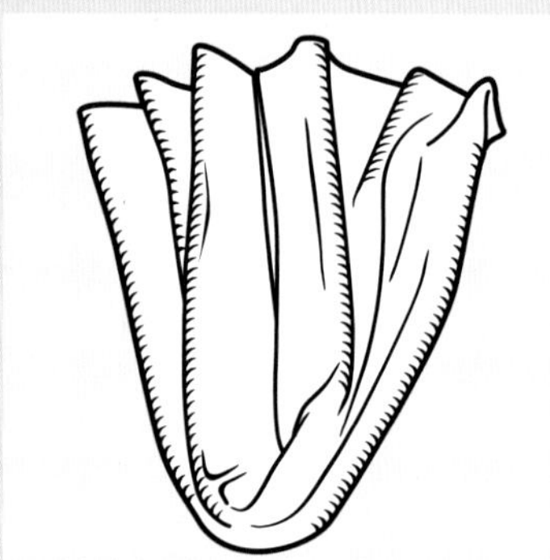

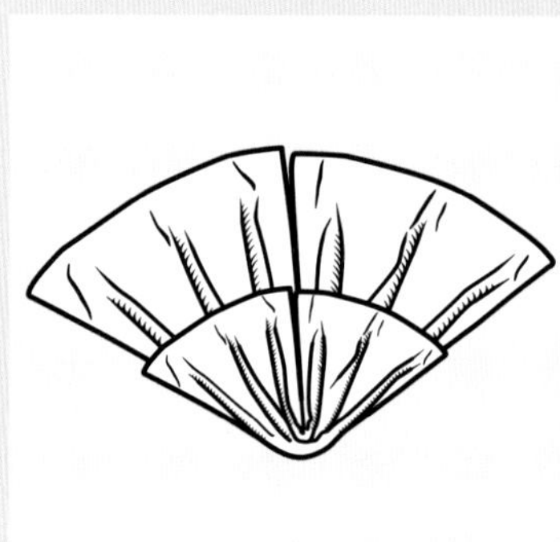

7 Die Form in der Mitte falten. Mit einer Sicherheitsnadel die oberen Ecken zusammenheften und die kleinere Fächerform entfalten.

8 Wenn der große Fächer hübsch arrangiert ist, den kleineren Fächer davor platzieren.

Windmühle

Diese Windmühlen kann man auch aus Papier falten – sie drehen sich im Wind, wenn man sie an einem Stock befestigt. Dieselbe einfache Falttechnik wird bei dieser Windmühle aus Handtüchern angewandt. Legen Sie die Handtuch-Windmühle auf die Einfassung der Badewanne oder in ein Regal und dekorieren Sie sie mit farbiger Seife oder einem kleinen Schwamm in der Mitte.

SIE BRAUCHEN DAFÜR	1 HANDTUCH ODER 1 GÄSTEHANDTUCH

3 schwieriger

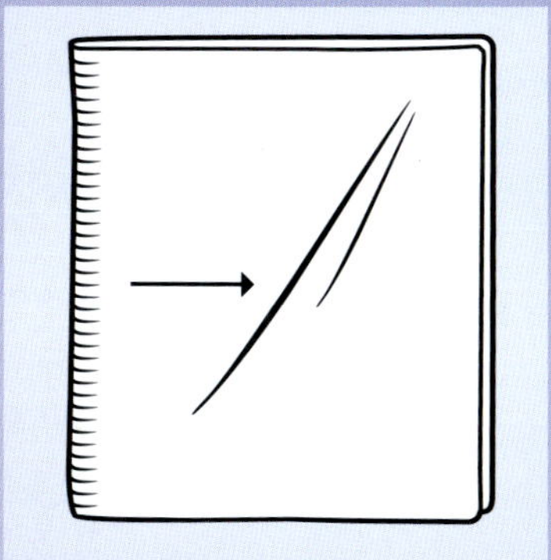

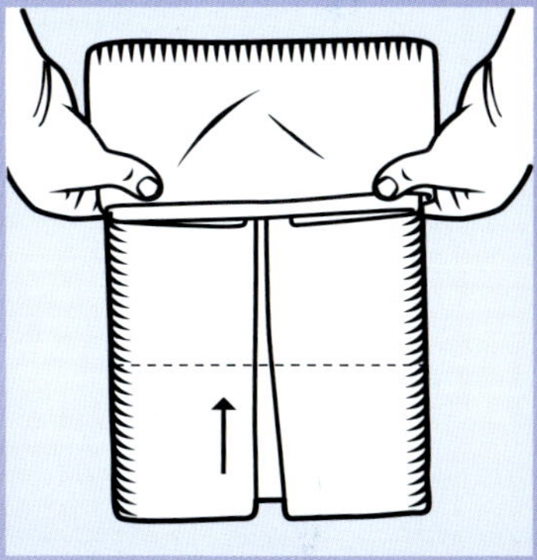

1 Das Handtuch wie gezeigt horizontal auslegen, dann in der Mitte falten, indem die linke Saumkante auf die rechte gelegt wird. Die Faltkante glatt streichen.

2 Das Handtuch auf beiden Seiten von außen nach innen auf die Mittellinie falten, sodass die Außenkanten auf der Mittellinie aneinander liegen.

3 Nun die Ober- und Unterkante zur Mitte falten.

TIPP

Als hübsche Ergänzung zu dem einfarbigen Handtuch können Sie aus einem kleinen rechteckigen Waschlappen mit Streifenmuster eine kleine Windmühle falten. Sie wird in die Mitte der größeren Form platziert.

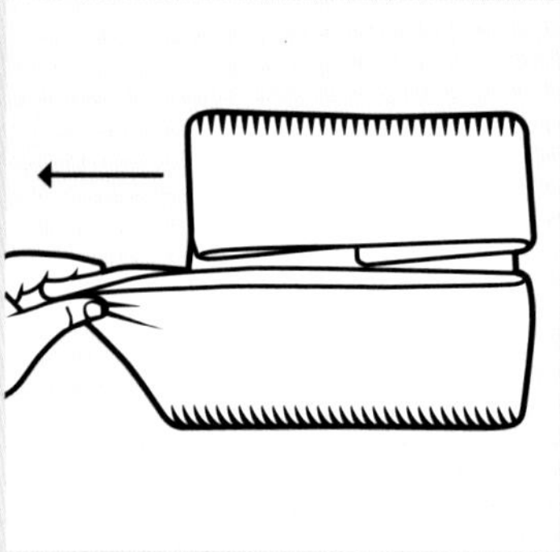

4 Die linke Ecke in der unteren Faltung nach außen ziehen, dabei die anderen Faltungen nicht verändern.

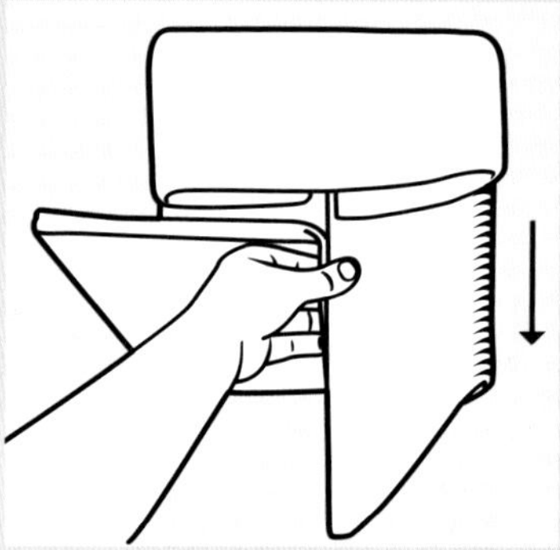

5 Den entstehenden dreieckigen Flügel so arrangieren, dass er nach links zeigt. Mit der rechten Ecke genauso verfahren, die Spitze zeigt nach unten.

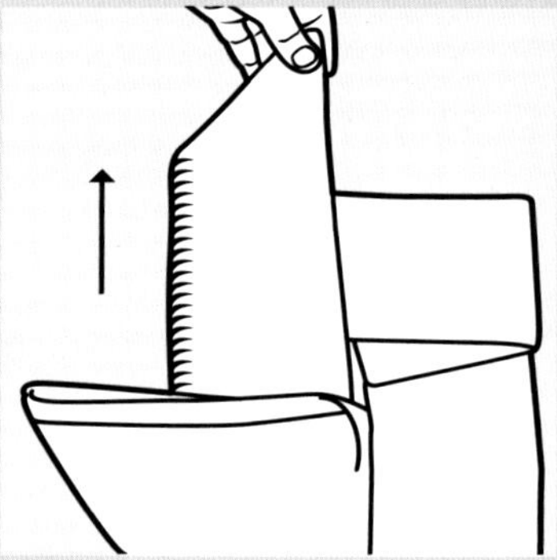

6 Die linke obere Ecke auf dieselbe Weise herausziehen und so arrangieren, dass der dreieckige Flügel nach oben zeigt.

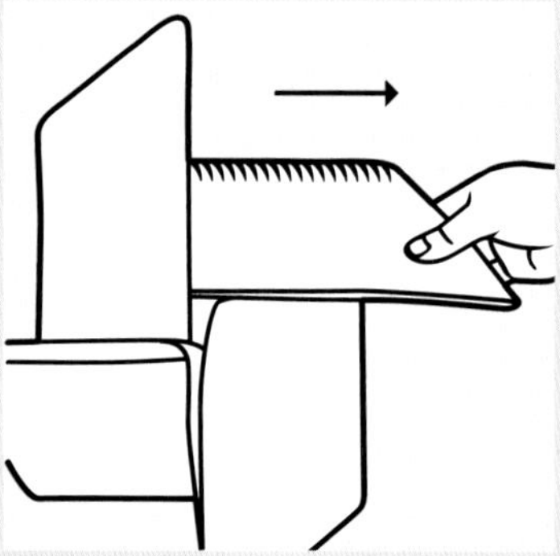

7 Mit der rechten oberen Ecke genauso verfahren. Den Flügel so arrangieren, dass er nach rechts zeigt.

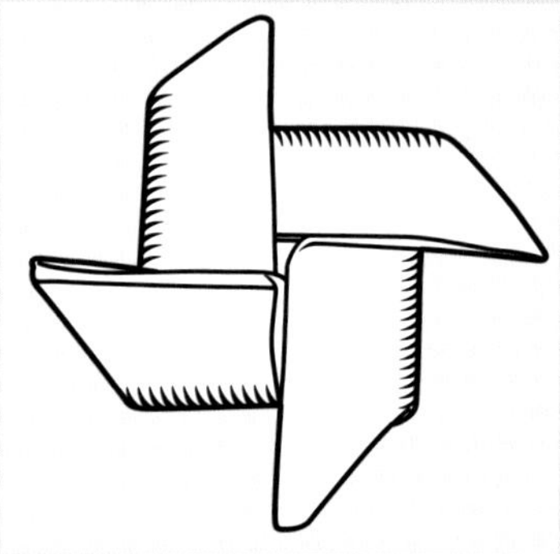

8 Die Windmühle ist nun fertig. Die Falten und Kanten an den Berührungsstellen zurechtzupfen, sodass sie ordentlich und symmetrisch aussehen.

Wolken-
kratzer

Ein Modell mit Großstadtflair – stellen Sie sich den Frankfurter Messeturm in Miniaturausführung in Ihrem Badezimmer vor! Dieses Modell ist auch für kleine Badezimmer geeignet, denn mit etwas Geschick steht es von allein – zum Beispiel auf der Einfassung der Badewanne.

SIE BRAUCHEN DAFÜR	
	1 BADETUCH 2 HANDTÜCHER SILBERNES TONPAPIER FÜR FENSTER UND DETAILS DOPPELSEITIGES KLEBEBAND

2 mittel

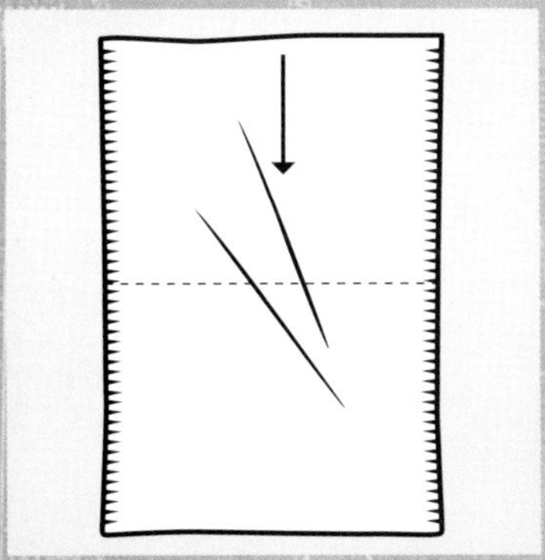

1 Ein Handtuch vertikal flach auslegen, dann vertikal auf die Hälfte falten, indem die obere Kante auf die untere gelegt wird.

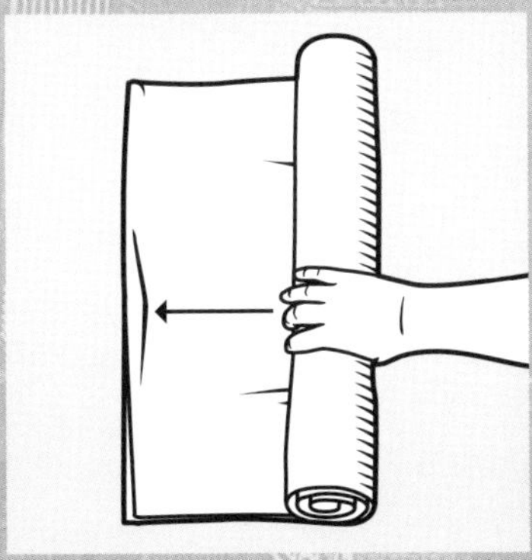

2 Das Handtuch fest und gleichmäßig von rechts nach links aufrollen, mit der Faltkante nach oben.

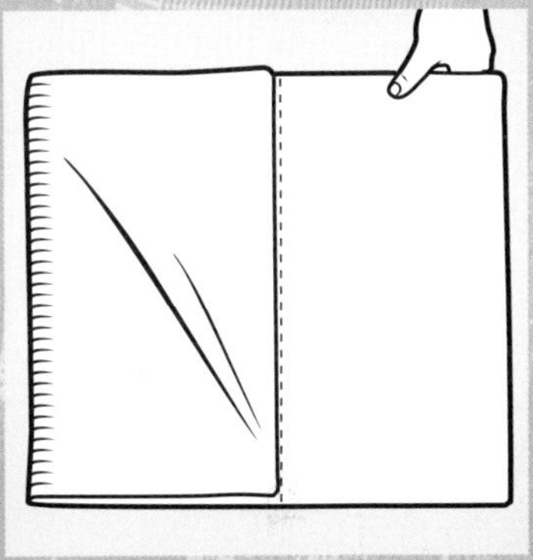

3 Das Badetuch wie gezeigt horizontal flach auslegen, dann in drei Teile falten. Erst den linken Teil umknicken, damit rechts eine Faltkante und kein Saum liegt.

TIPP

Wir haben unseren Wolkenkratzer aus weißen Handtüchern gefaltet, mit grauen oder steinfarbenen ist er mindestens genauso beeindruckend.

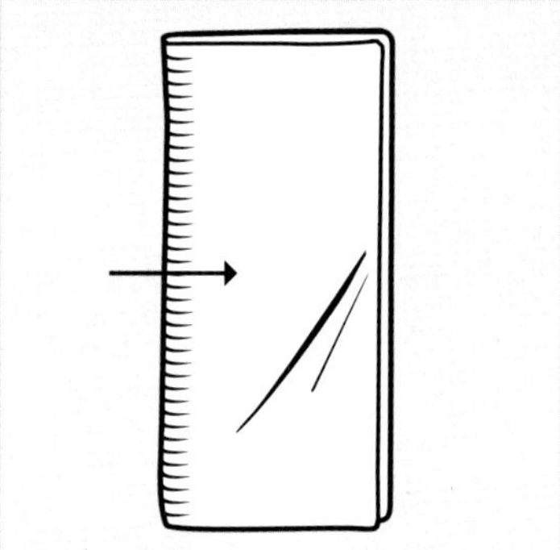

4 Das erste aufgerollte Handtuch an die untere Kante des gefalteten Badetuchs anlegen. Dann beide zusammen von der Unterkante des Badetuchs aus aufrollen.

5 Das zweite Handtuch wie gezeigt vertikal auslegen. Dann auf die Hälfte falten, indem die linke Kante auf die rechte gelegt wird. Die Faltkante mit der Hand glatt streichen.

6 Die Rolle auf das Handtuch legen, dann zusammen aufrollen. Die Kanten auf der Rückseite mit Sicherheitsnadeln befestigen.

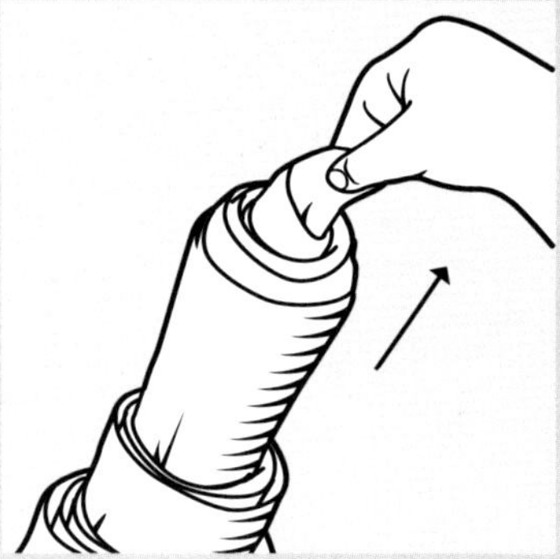

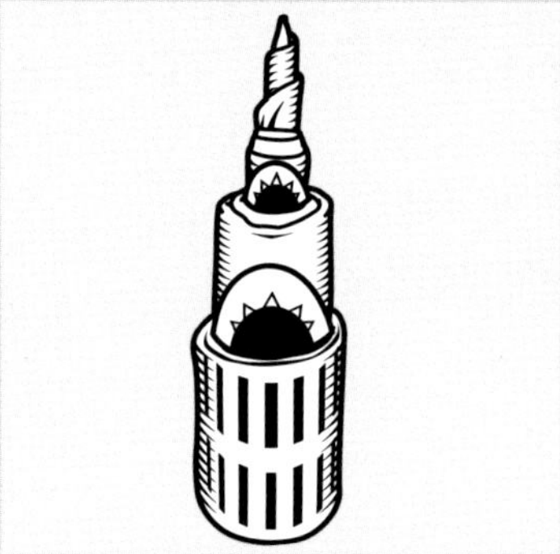

7 Die Form auf den breiten Fuß stellen. Nun die obere innere Ecke der größten Rolle vorsichtig nach außen ziehen, um oben eine Spitze zu formen.

8 Die Formen und Fenster aus dem Tonpapier ausschneiden (Vorlagen siehe S. 78-79), dann mit doppelseitigem Klebeband an den entsprechenden Stellen am Wolkenkratzer befestigen.

Tropische Palme

Durch einen einfachen Trick holen Sie sich mit Hilfe Ihrer Handtücher etwas Sommer, Sonne und Strand ins Bad – auch wenn es draußen friert und schneit. Diese hübsche Palme ist so einfach zu falten, dass man im Nu eine ganze Palmeninsel anfertigen kann. Nur die Meeresbrise muss man sich noch hinzu denken.

SIE BRAUCHEN DAFÜR	1 HANDTUCH 5 WASCHLAPPEN SICHERHEITSNADELN	mittel

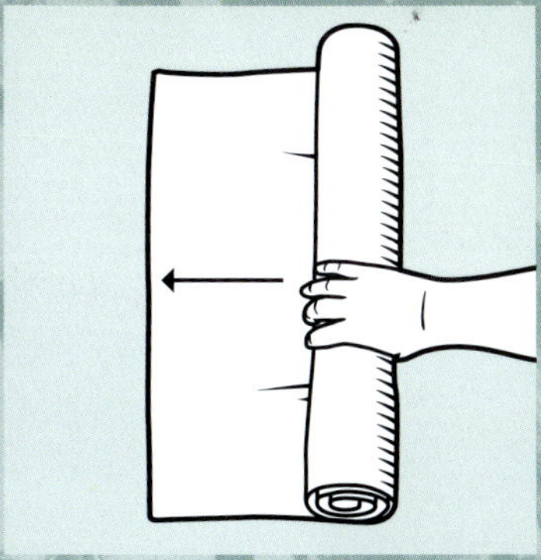

1 Das Handtuch horizontal flach auslegen und fest und gleichmäßig der Breite nach von rechts nach links aufrollen.

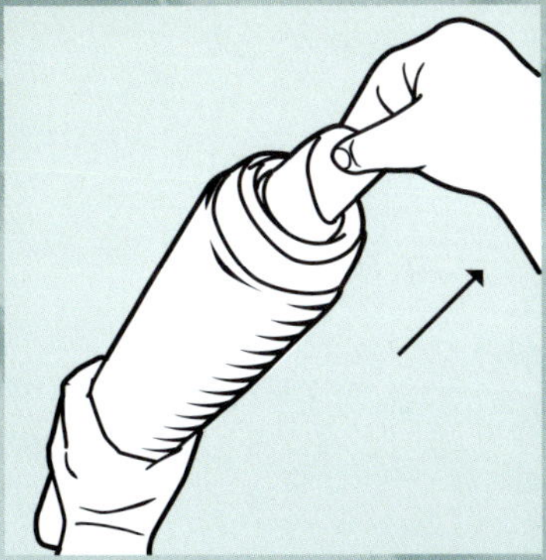

2 Die Rolle mit einer Hand fest greifen und mit der anderen die obere Ecke aus der Rolle herausziehen, um den spitz zulaufenden Baumstamm zu formen.

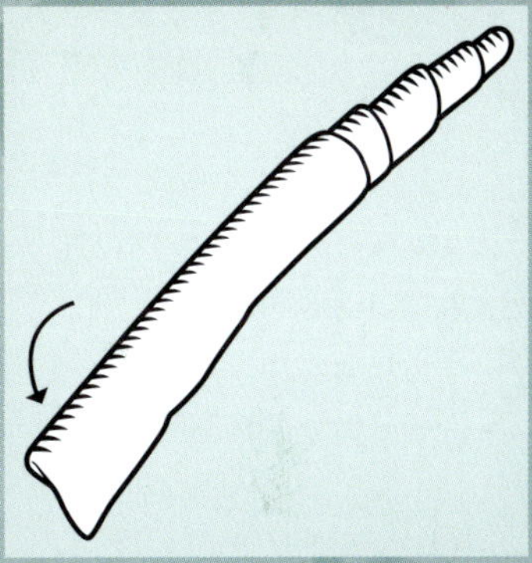

3 Nun die untere Saumkante in die Rolle einschlagen, um den Fuß zu verdicken. Die Form steht jedoch nicht von selbst und muss hingelegt werden.

TIPP

Fast naturgetreu wirkt die Palme, wenn Sie ein braunes Handtuch und grüne Waschlappen verwenden. Dekorative bunte Badekugeln oder Süßigkeiten am oberen Ende des Baumstammes sehen aus wie Kokosnüsse.

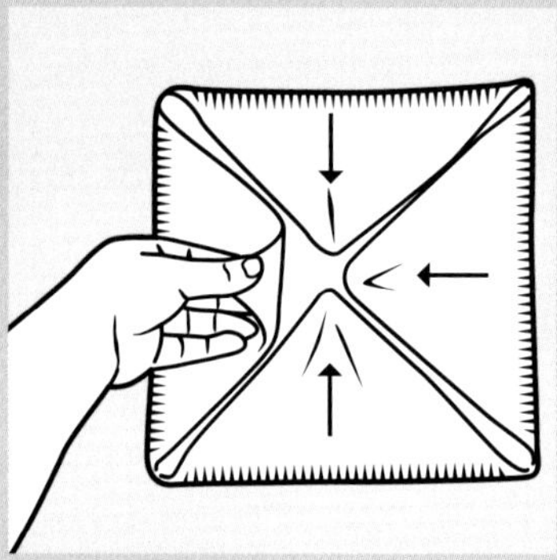

4 Nun einen Waschlappen nehmen und dessen vier Ecken zur Mitte hin falten.

5 Die drei markierten Ecken in eine Hand nehmen, die vierte nach außen stülpen, um ein Palmblatt zu formen. Die Falten mit Sicherheitsnadeln feststecken.

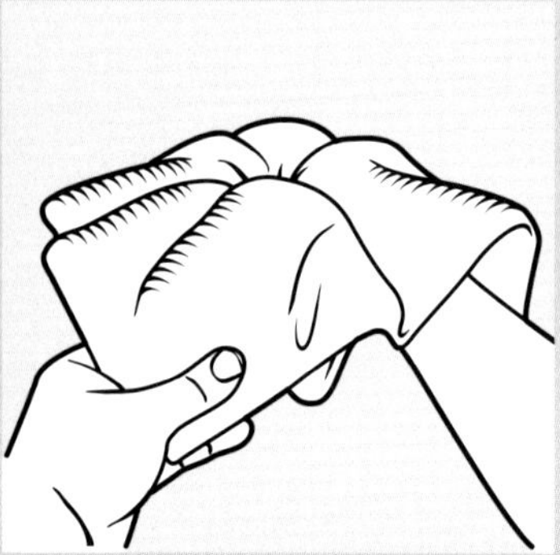

6 Auf dieselbe Weise die anderen Waschlappen falten. Man kann auch mehr als die angegebenen fünf Blätter falten.

7 Die Palme auf eine Fläche legen und den Stamm leicht biegen. Die Palmblätter am oberen Stammende hübsch arrangieren.

Lotos-
blüte

Dieses elegante Modell erinnert an die gefalteten Servietten, mit denen in gehobeneren Restaurants die Tische dekoriert werden. Für Handtücher ist die Form ebenso geeignet. Einen zusätzlichen Überraschungseffekt erzielen Sie, wenn die Farbe auf die Ausstattung des Gäste- oder Badezimmers abgestimmt ist.

SIE BRAUCHEN DAFÜR	3 HANDTÜCHER 1 WASCHLAPPEN SICHERHEITSNADELN

schwieriger

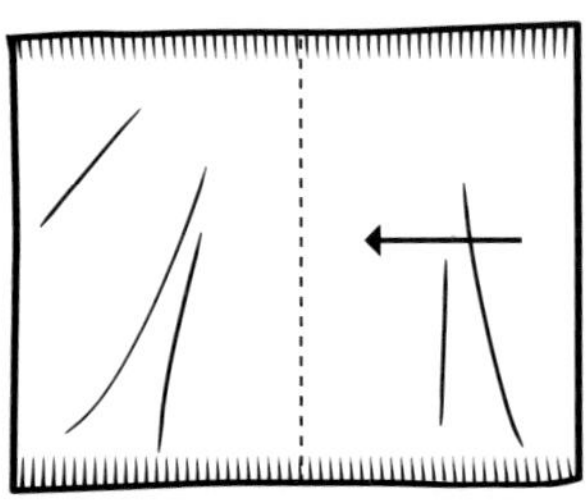

1 Ein Handtuch horizontal flach auslegen, dann der Breite nach von rechts nach links auf die Hälfte falten. Die Faltkante mit der Handfläche glatt streichen.

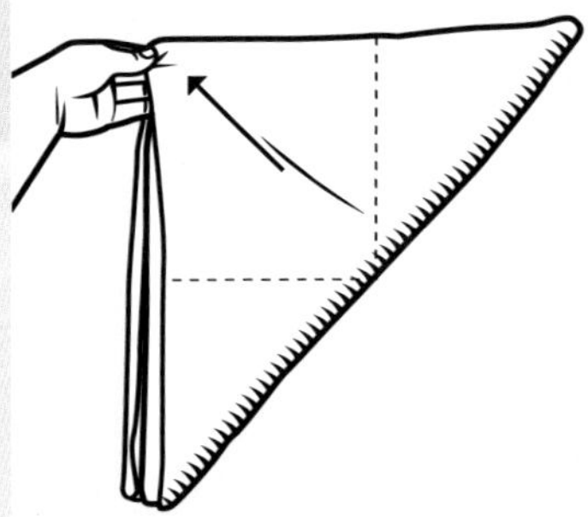

2 Die Form diagonal auf die Hälfte falten, indem die untere rechte Ecke auf die obere linke gelegt wird.

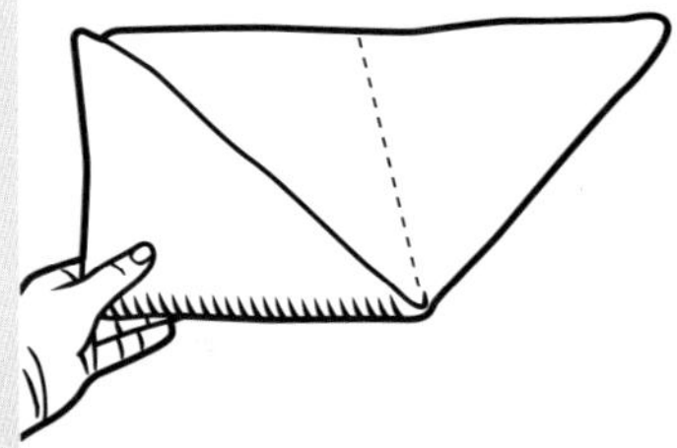

3 Den Zeigefinger halb über die diagonale Ecke legen. Die linke und die rechte Ecke in die Mitte falten. Die Form fest zusammendrücken.

TIPP

Wenn Sie die Handtücher erst waschen und stärken, steht dieses Modell von allein. Ansonsten sieht es auch hübsch aus, wenn es hingelegt oder an ein Kissen am Kopfende des Bettes gelehnt wird. Vielleicht finden Sie für dieses Modell auch im Badezimmer Platz, zum Beispiel im Regal oder auf der Badewannen-Einfassung.

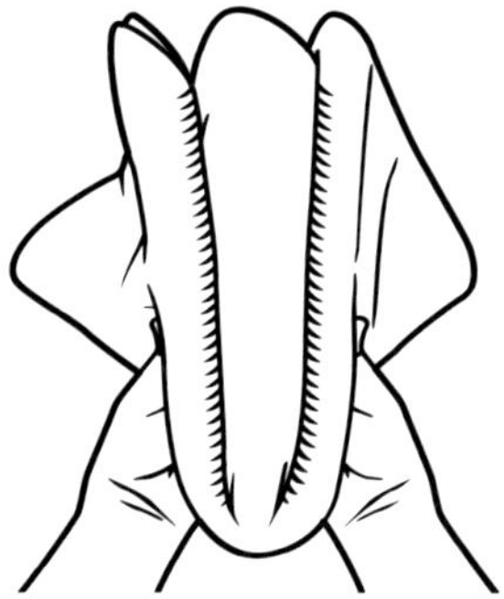

4 Die Spitzen links und rechts nach hinten umschlagen und auf der Rückseite mit Sicherheitsnadeln befestigen.

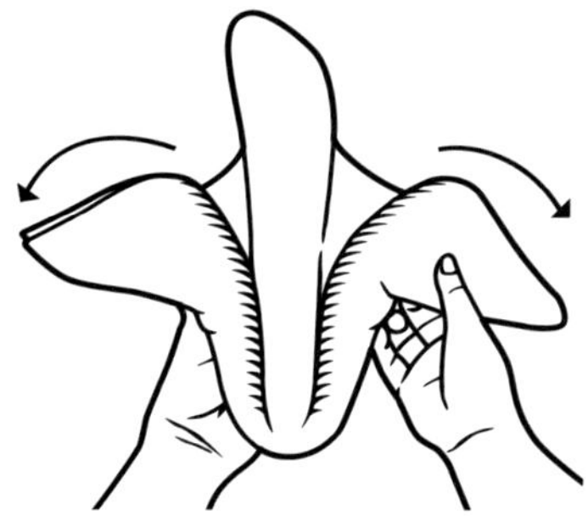

5 Die untere Spitze mit einer Hand halten, dann die rechte und die linke Lage vom Mittelpunkt nach außen fallen lassen, um eine Blütenblattform zu bilden.

6 Nun die obere äußerste Lage vom Mittelpunkt weg nach vorn zupfen, sodass noch mehr Blütenblätter entstehen.

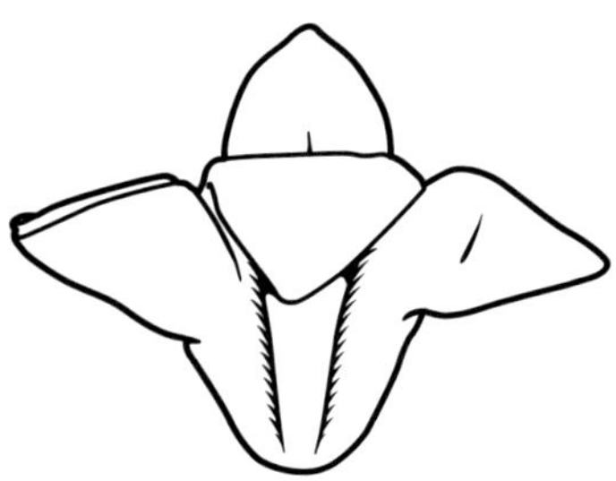

7 Die Form so drücken, dass sie zusammenhält, dabei eventuell mit einer Sicherheitsnadel fixieren. Dann mit den restlichen Handtüchern zwei identische Formen falten.

8 Die drei Formen zu einer Lotosblüte zusammensetzen. Einen kleinen Waschlappen ebenso falten und davor setzen, um die Verbindungsstelle zu verdecken.

Kussmund

Salvador Dalí entwarf ein Sofa in der Form sinnlicher roter Lippen – also haben wir das gleiche gemacht, fast jedenfalls. Dazu wird ein luxuriöses Handtuch verwendet. Was für eine ausgefallene Art, einer geliebten Person seine Zuneigung zu bekunden! Wir haben ein weißes Handtuch in Standardgröße verwendet, mit einem kräftig roten Badetuch wirkt Ihre Liebeserklärung vielleicht noch etwas stärker.

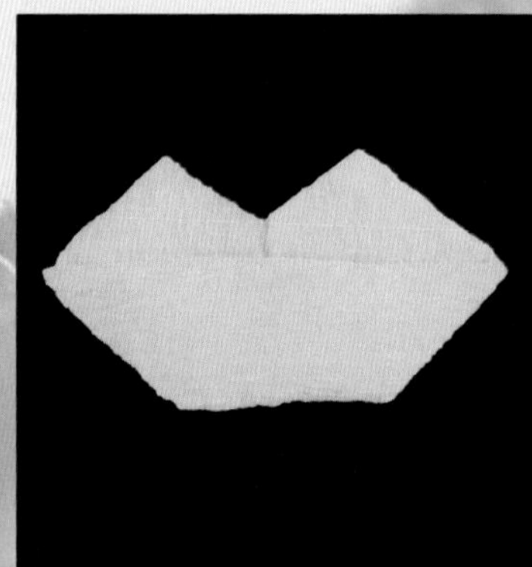

SIE BRAUCHEN DAFÜR	1 HANDTUCH

mittel

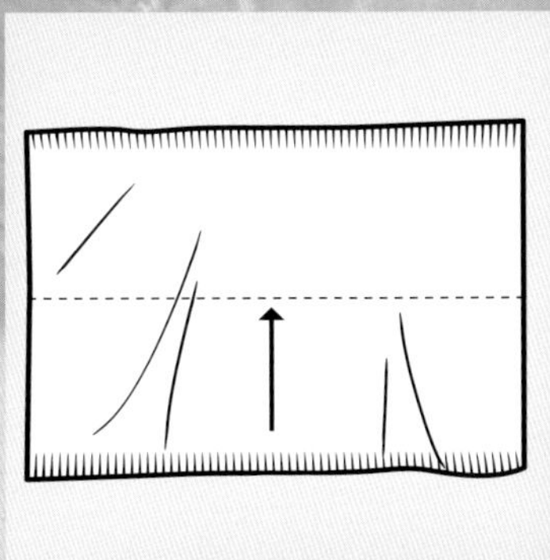

1 Das Handtuch horizontal flach auslegen, dann auf die Hälfte falten, indem die untere Kante auf die obere gelegt wird. Die Faltkante mit der Handfläche glatt streichen.

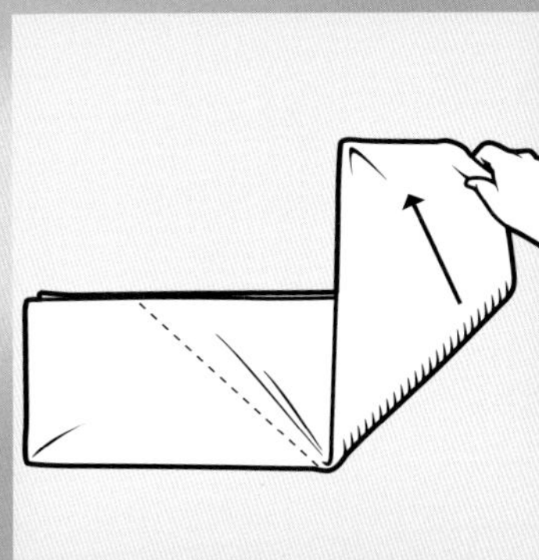

2 Nun der Breite nach auf die Hälfte falten, die Kante glatt streichen, um die Mittellinie hervorzuheben, dann wieder entfalten. Den Zeigefinger an das untere Ende der Mittellinie legen und die rechte untere Kante zur Mittellinie falten.

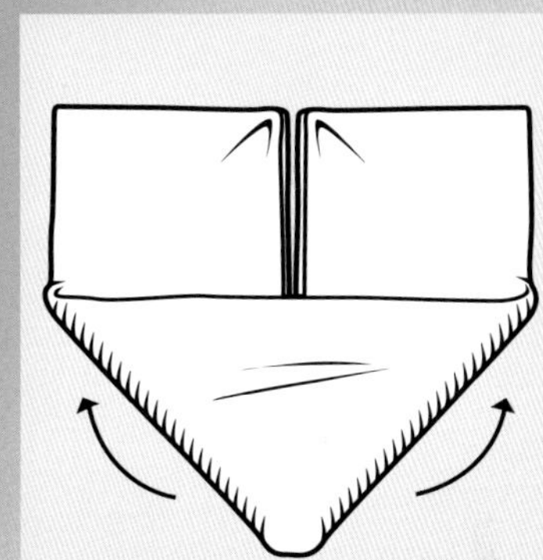

3 Die linke Seite auf dieselbe Weise falten, dann mit einer Hand unter die Form gleiten und die andere Hand darauf legen. Die ganze Form auf die andere Seite wenden und die Faltungen dabei beibehalten.

TIPP

Wenn Sie experimentierfreudig sind und Abwechslung lieben, können Sie die Lippen auch in einer anderen Farbe gestalten. Wie wäre es mit kräftigem Pink, Orange oder Purpur?

4 Für die Unterlippe die untere Spitze falten und in die Form einschlagen. Bei Bedarf vergrößern. Eine diagonale Linie von der Mitte zum äußeren Rand markieren.

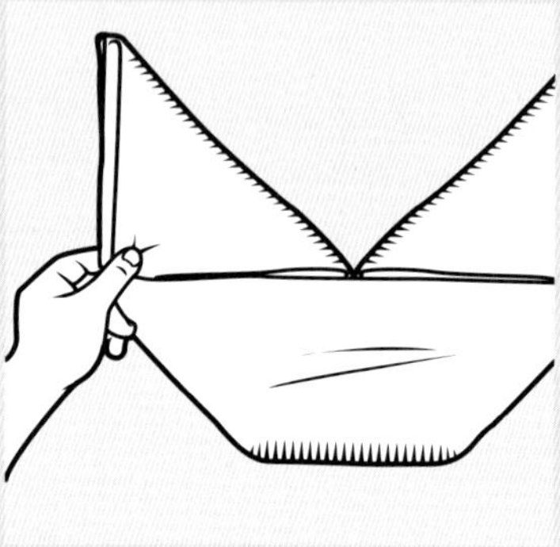

5 Die rechte Form entlang dieser Linie von der Mitte aus nach unten falten, die linke ebenso.

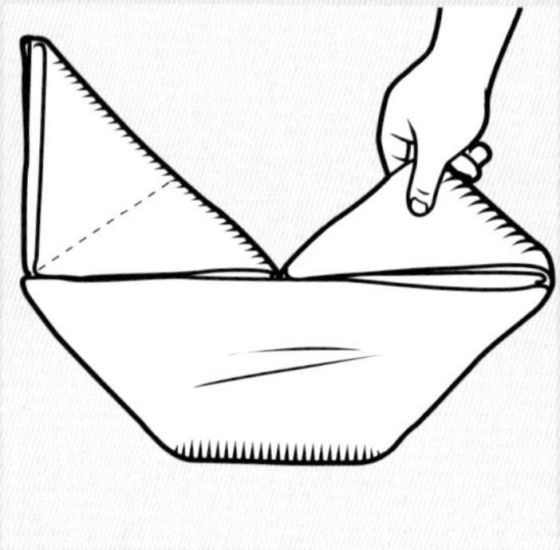

6 Jetzt die rechte obere Spitze nach unten zur Mitte falten. So entsteht die eine Hälfte der Oberlippe.

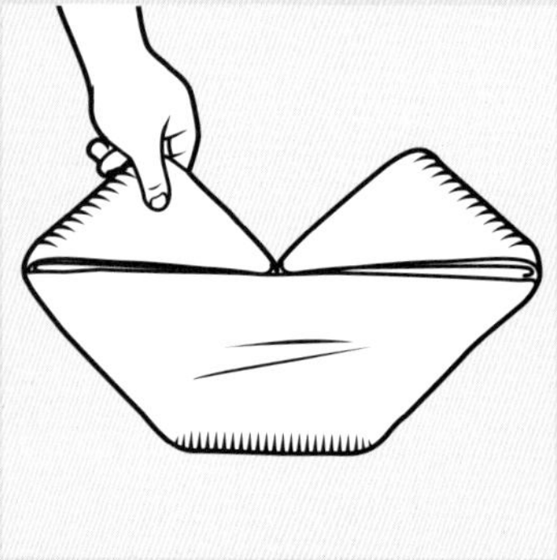

7 Nun die obere linke Spitze nach unten zur Mitte falten. Dann das Handtuch so arrangieren, dass keine Kanten und Knicke sichtbar sind.

8 Wenn Sie die Falten mit Watte oder sogar Schokolade füllen, bekommt der Kussmund ein noch volleres Aussehen.

Herz

Hier zeigt sich der wahre Romantiker. Überraschen Sie eine geliebte Person doch einmal mit dieser ausgefallenen Origami-Idee – ein tolles Geschenk zum Valentins- oder zum Geburtstag – oder einfach an einem ganz normalen Tag! Gibt es eine schönere Art „Ich liebe Dich!" zu sagen?

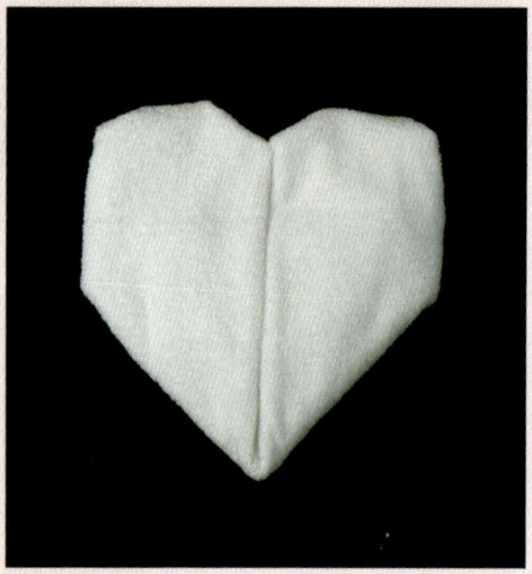

SIE BRAUCHEN DAFÜR	1 HANDTUCH

einfach

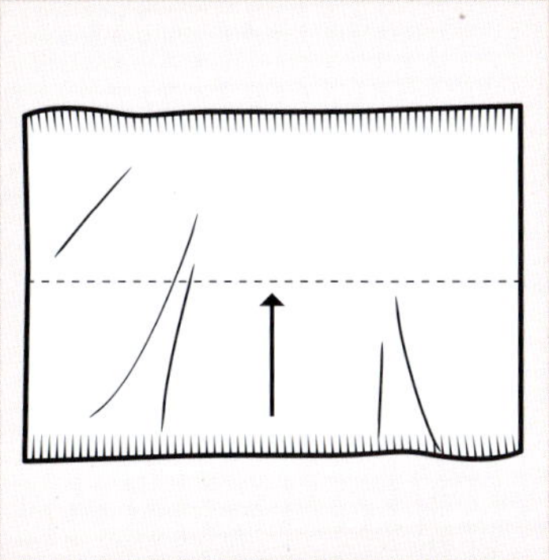

1 Das Handtuch flach auslegen, dann der Länge nach auf die Hälfte falten. Die Faltkante glatt streichen, dann der Breite nach auf die Hälfte falten, um die Mitte herauszuarbeiten. Entfalten.

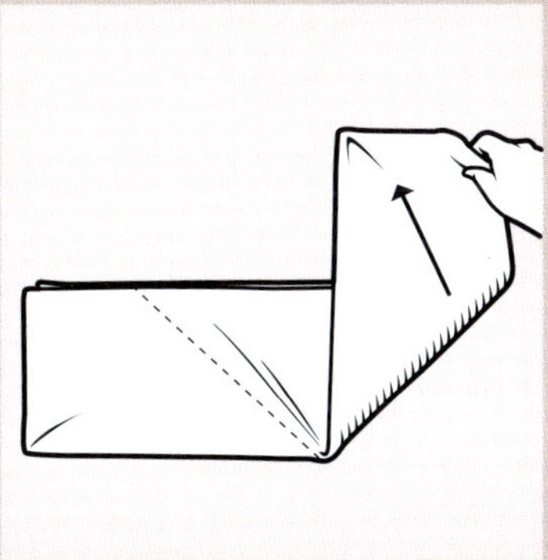

2 Den linken Zeigefinger unten an die Mittellinie legen, dann die rechte untere Kante an die Mittellinie falten. Die diagonale Faltkante glatt streichen.

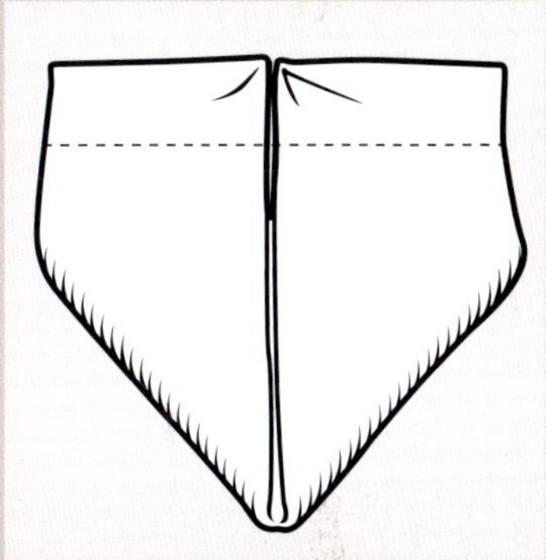

3 Die linke Seite ebenso falten. Das Handtuch etwa 10 cm unter der Oberkante entlang der beiden kurzen Kanten nach hinten falten. Die Breite kann je nach Größe des Handtuchs variieren.

TIPP

Wenn Ihr Herz etwas flach aussieht, falten Sie zwei farblich passende Waschlappen und füllen sie damit das Herz aus. So wirkt es etwas voller.

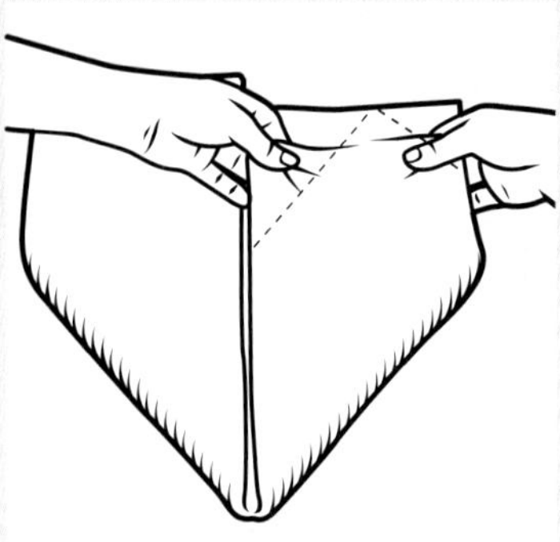

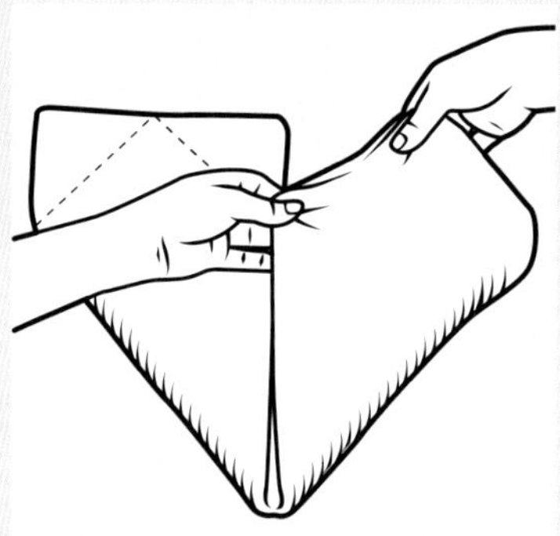

4 Von der Mitte der beiden kurzen Kanten aus zwei Diagonale ziehen, wie gezeigt.

5 Für die oberen Rundungen der Herzform den Stoff an den Diagonalen entweder in oder hinter die Form einschlagen.

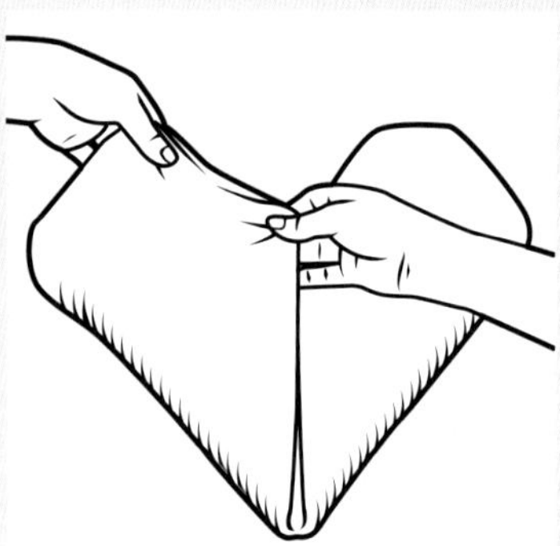

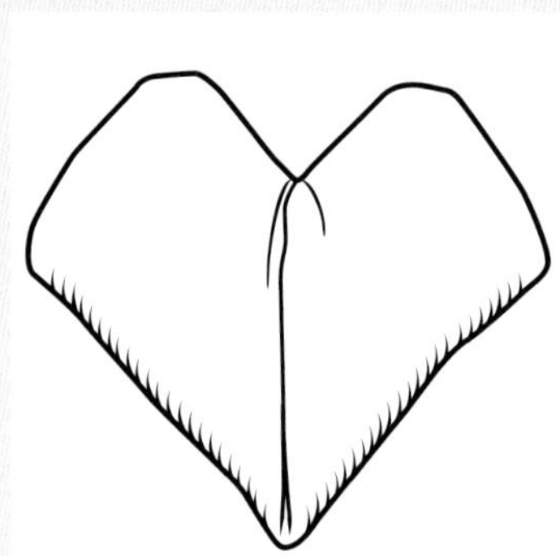

6 Die linke Seite der Herzform ebenso symmetrisch zur rechten gestalten.

7 Zum Schluss noch einmal prüfen, ob alle Ecken ordentlich eingeschlagen sind und das Herz Rundungen aufweist. Eventuell nacharbeiten.

Marienkäfer

... fliege, dass ich dich nicht kriege! Dieser beliebte Käfer mit den schwarzen Punkten erfordert nur ein paar Falttechniken und erhält durch ein wenig Modellieren des Körpers seine runde Form. Die flauschigen Beine aus Pfeifenreinigern sind nicht unbedingt erforderlich – aber sieht der Käfer damit nicht fast echt aus?

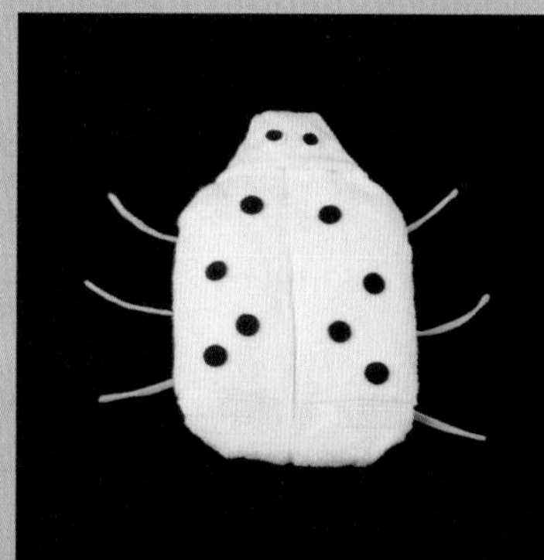

SIE BRAUCHEN DAFÜR	1 HANDTUCH 3 WASCHLAPPEN SCHWARZEN UND WEISSEN FILZ 6 PFEIFENREINIGER

mittel

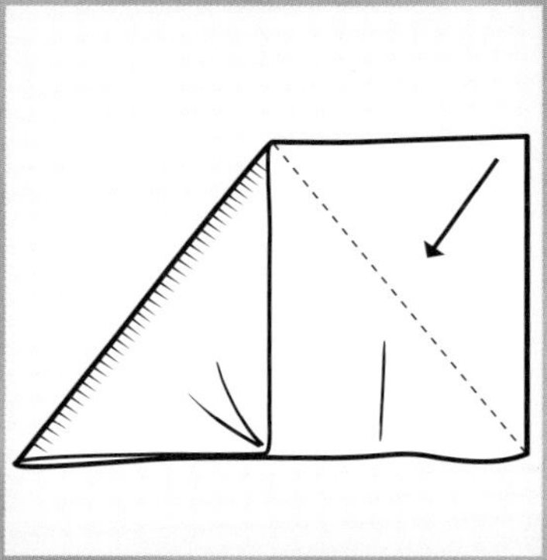

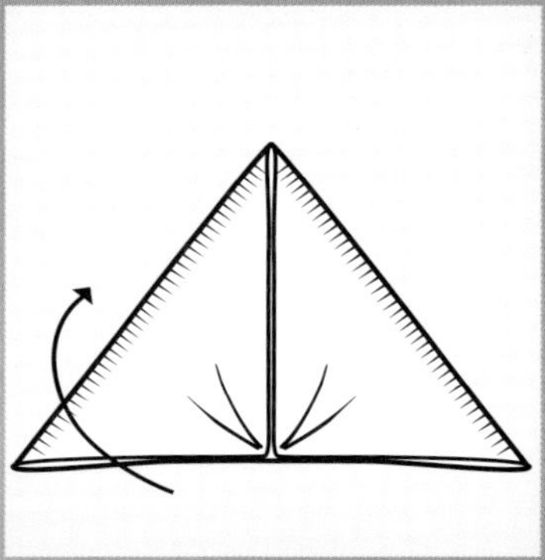

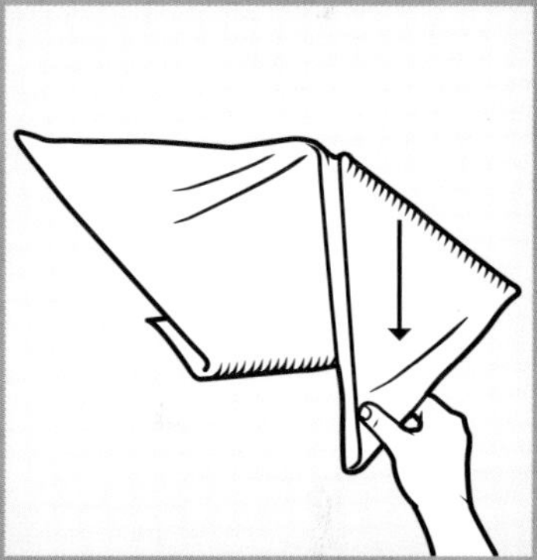

1 Das Handtuch auf die Hälfte falten, um die Mittellinie herauszuarbeiten, dann wieder entfalten. Die oberen Ecken nach unten auf den unteren Punkt der Mittellinie klappen.

2 Die diagonalen Faltkanten mit der Handfläche glatt streichen. Mit einer Hand unter die Form gleiten, die andere flach darauf legen. Jetzt die Form auf die andere Seite wenden und dabei gleichzeitig das Dreieck auf die Spitze stellen.

3 Die untere Spitze nach hinten umschlagen. Die oberen Ecken entlang der Mittellinie nach unten falten, sodass sie sich in der Mitte treffen. Die Kanten glatt streichen.

TIPP

Marienkäfer sind meist rot mit schwarzen Punkten, es gibt sie aber auch in orange und gelb, ja sogar in schwarz mit gelben oder roten Punkten. Lassen Sie Ihrer Fantasie bei der Gestaltung des Marienkäfers freien Lauf.

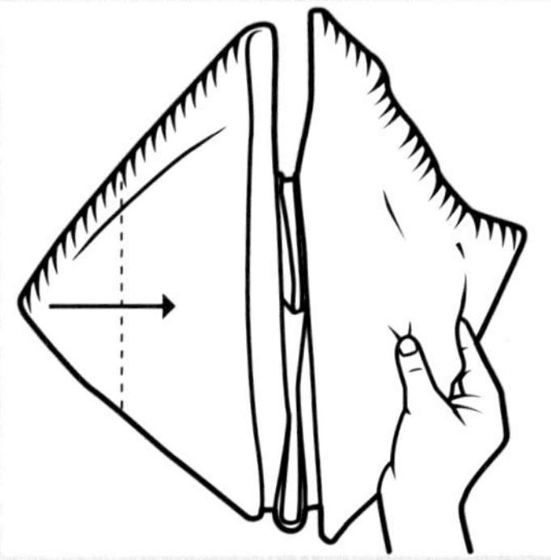

4 Die Spitzen auf beiden Seiten hinter den Körper schlagen. Zwei Waschlappen auf ein Viertel falten und in die Flügel stecken, damit der Körper des Marienkäfers rund und füllig wird.

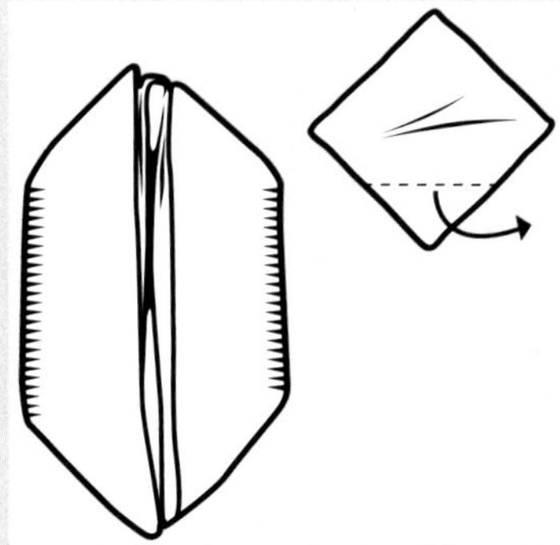

5 Die untere Ecke des dritten Waschlappens einschlagen und die Faltkante mit der Handfläche glatt streichen.

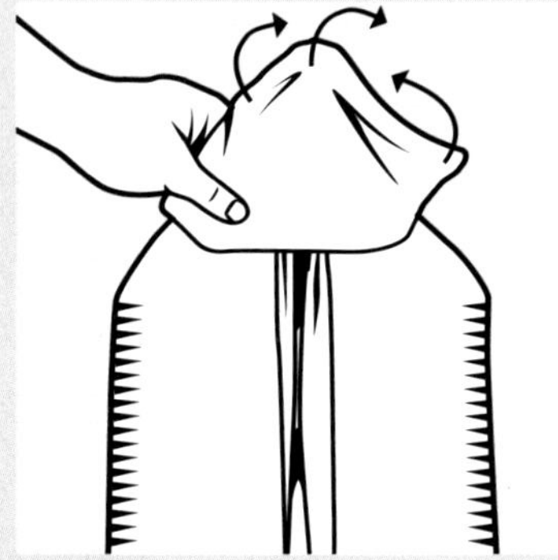

6 Den Waschlappen auf das obere Ende des Marienkäfers legen, dann die drei anderen Ecken nach innen einschlagen, um den Kopf zu formen.

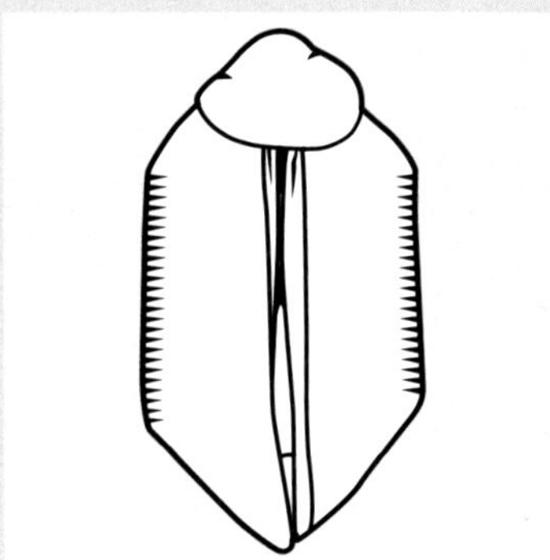

7 Jetzt die Ränder mit der Hand modellieren, damit der Marienkäfer eine weiche, runde Form bekommt.

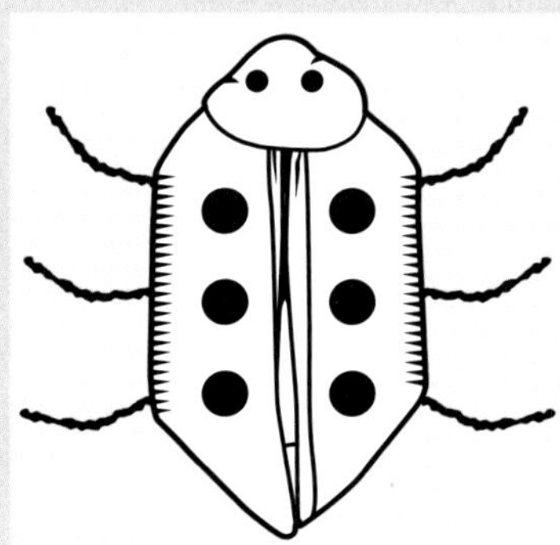

8 Schwarze Filzkreise für die Punkte und weiße Filzkreise für die Augen ergänzen (Vorlagen siehe S. 77). Für die Beine je einen Pfeifenreiniger in der Mitte falten und um sich selbst verdrehen.

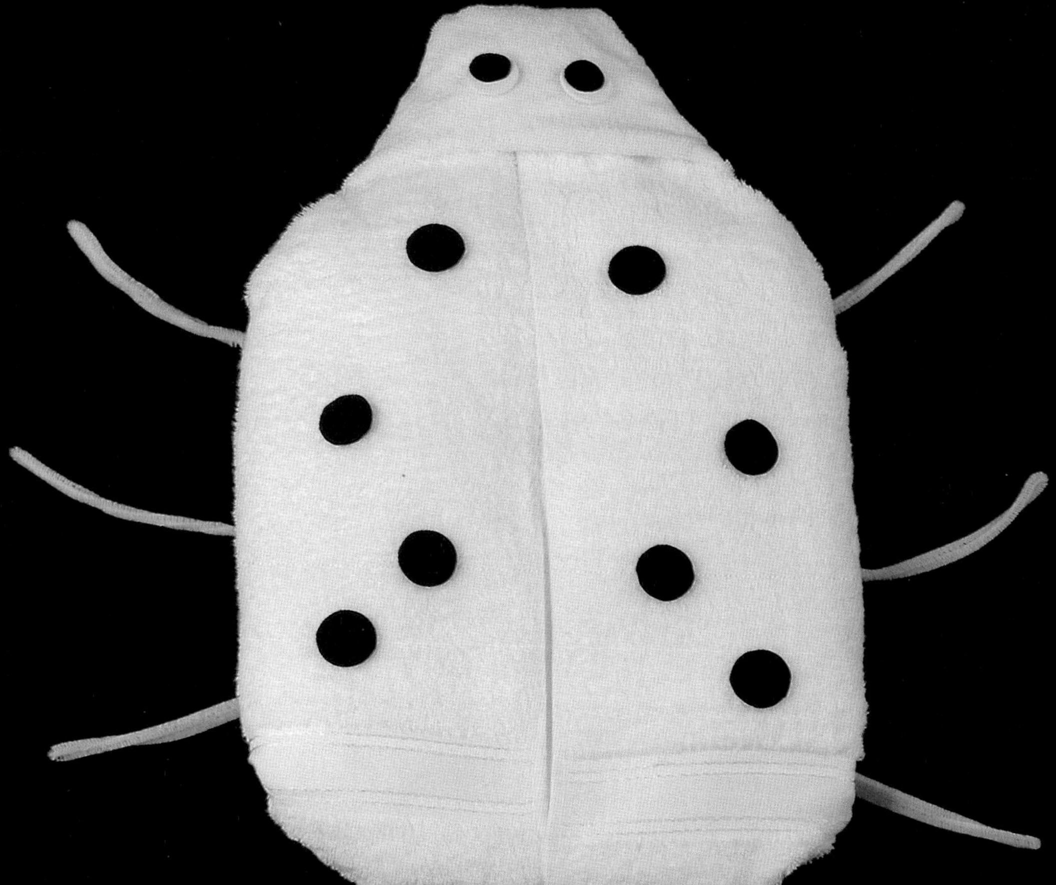

Engelsfisch

Inspiriert von schönen Erinnerungen an glückliche Ferien in einem tropischen Paradies, kann dieser kleine Engelsfisch aus einer einzigen Farbe oder aus einer Kombination von Farben gefaltet werden. Da die Form sehr einfach ist, eignet sie sich für große und kleine Handtücher ebenso wie für Waschlappen. Im Nu hat man einen ganzen Schwarm kleiner Fische gefaltet, die über das Bettende schwimmen.

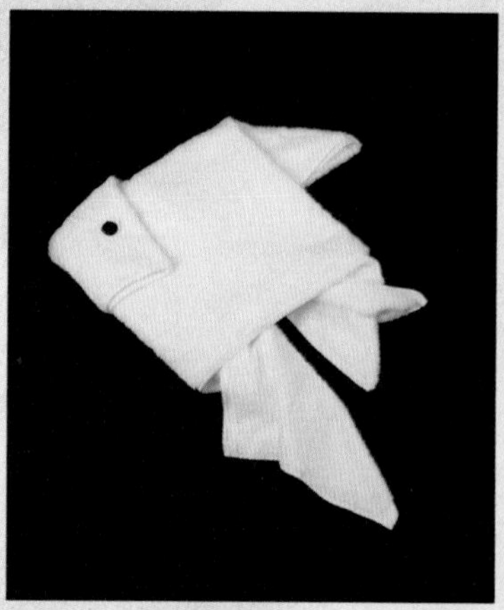

SIE BRAUCHEN DAFÜR	
	1 GÄSTEHANDTUCH 2 WASCHLAPPEN SCHWARZEN UND WEISSEN FILZ ODER 1 SCHOKOLADENSTÜCK

mittel

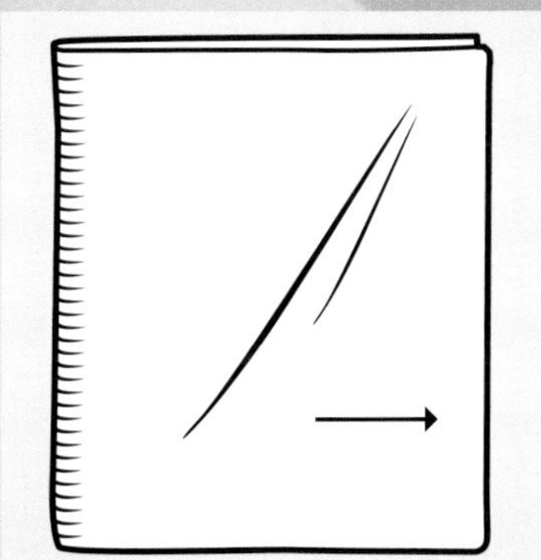

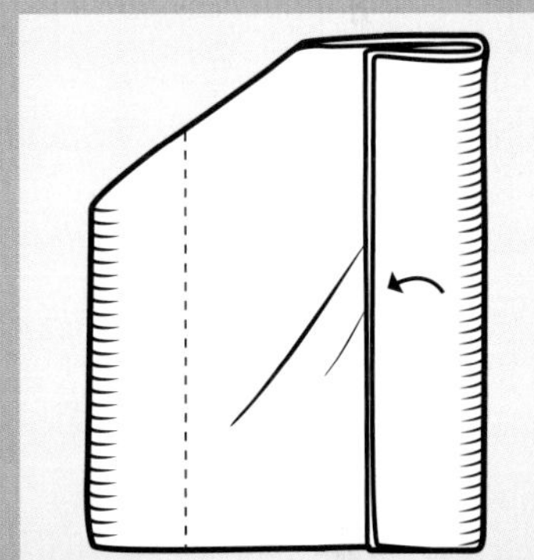

1 Das Gästehandtuch horizontal auslegen, dann der Breite nach auf die Hälfte falten, indem die linke Seite auf die rechte gelegt wird. Die Faltkante mit der Handfläche glatt streichen.

2 Die linke obere Ecke wie gezeigt unter die Form falten, dann die Faltkante glatt streichen. Die Diagonale sollte etwa in der Mitte der linken und der oberen Kante enden.

3 Die Form der Breite nach auf die Hälfte falten, um die Mittellinie zu markieren, dann wieder entfalten. Die Seiten nach innen falten, sodass sie auf der Mittellinie aufeinander stoßen. Faltkanten glatt streichen.

Aus rechteckigen Waschlappen kann man hervorragend einen Schwarm kleiner Fische falten, die einen größeren Fisch aus einem Badetuch umschwärmen.

TIPP

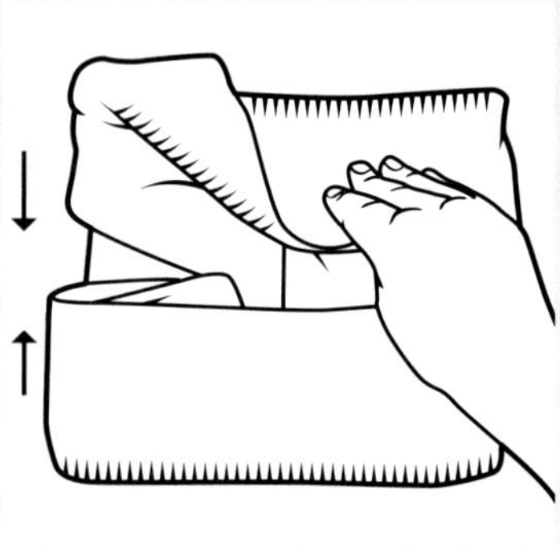

4 Die untere Hälfte auf die obere falten und entfalten, sodass eine Mittellinie entsteht. Die obere und untere Kante auf die Mittellinie hin falten und die Kanten glatt streichen.

5 Die linke Spitze aus der oberen Faltung herausziehen. Die Spitze so arrangieren, dass sie nach unten zeigt. Dann glatt streichen.

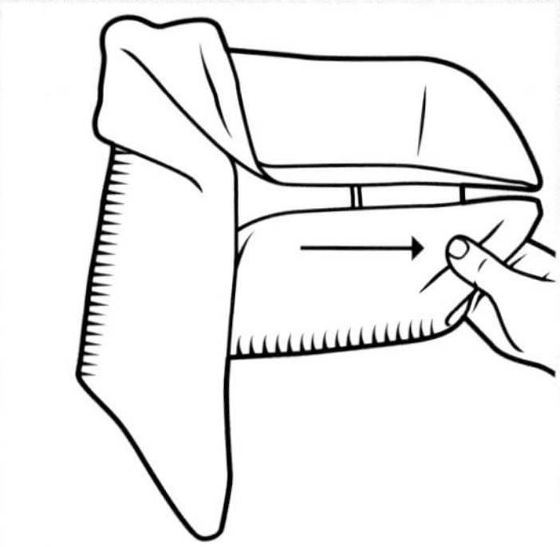

6 Den Vorgang mit der anderen Spitze in der rechten Seite wiederholen. Diesmal die Spitze so arrangieren, dass sie nach rechts zeigt. Ebenso mit der Spitze verfahren, die in der oberen Faltung liegt.

7 Mit einer Hand unter die Form gleiten und die andere flach darauf legen. Jetzt die Form auf die andere Seite wenden, die Falten dabei nicht verändern. Die Spitzen gleichen nun Fischflossen.

8 Für die Flossen zwei Waschlappen in der Mitte fassen und durch die Hände ziehen. Die eine Flosse als Schwanz, die andere unten am Körper anbringen. Als Auge ein kleines Stück Schokolade oder Filz ergänzen.

Kleiner Hund

Bei diesem netten Hund wird selbst der standfesteste Hundeverächter dahin schmelzen! Insbesondere Kinder können Sie begeistern, wenn sie Schlaf- oder Gästezimmer damit dekorieren. Die Grundform ist eine Variation des Elefantenrüssels. Durch etwas Filz bekommt das Hündchen einen frechen Charme.

SIE BRAUCHEN DAFÜR	1 BADETUCH 1 GÄSTEHANDTUCH 1 SICHERHEITSNADEL SCHWARZEN, WEISSEN UND ROTEN FILZ

mittel

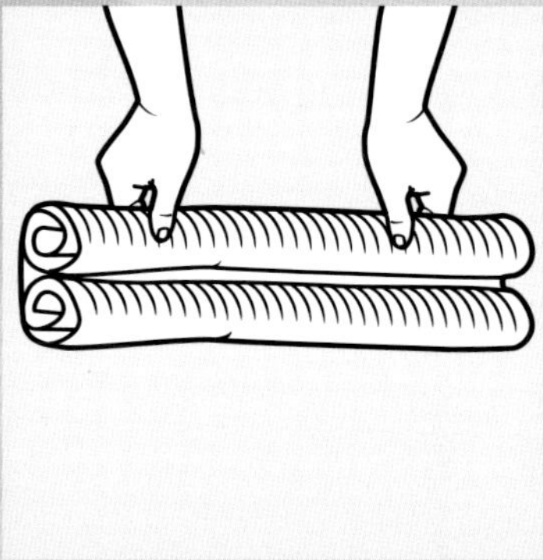

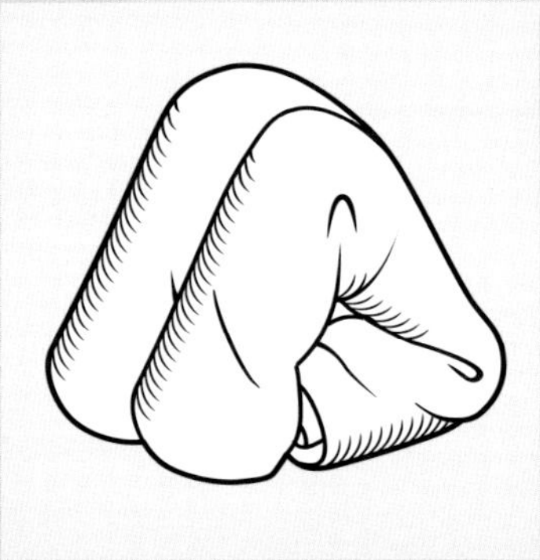

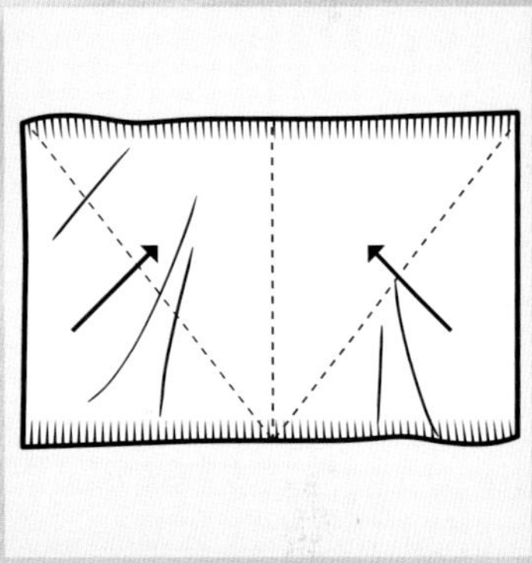

1 Das Badetuch der Breite nach auf die Mitte falten, um die Mittellinie zu kennzeichnen und dann wieder entfalten. Nun die beiden langen Enden bis zur Mitte aufrollen.

2 Die gerollte Form zum Hundekörper biegen. Die Rollen sollten dabei nach außen zeigen. Ein Ende der Form einschlagen, sodass es den Hinterbeinen eines sitzenden Hundes gleicht.

3 Für den Kopf das Gästehandtuch der Breite nach auf die Hälfte falten, um die Mittellinie zu finden, dann entfalten. Die beiden unteren Ecken oben an die Mittellinie falten, dann die Kanten glatt streichen.

TIPP

Fiffi muss nicht immer sitzen. Wenn Sie die Vorderbeine strecken, sieht er aus, als würde er liegen. Anschließend den Kopf auf der Form wieder ausbalancieren.

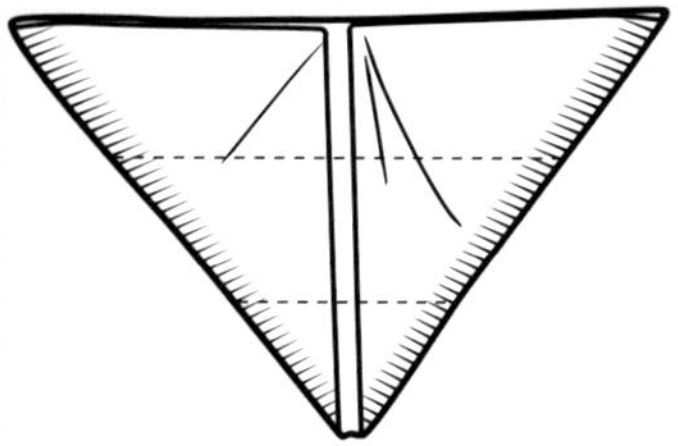

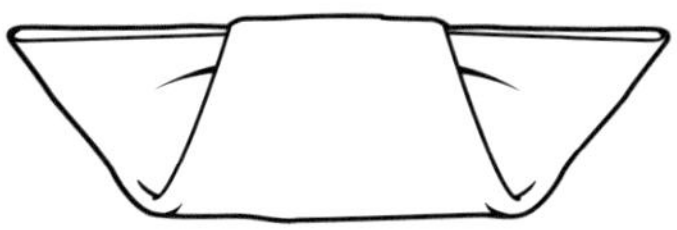

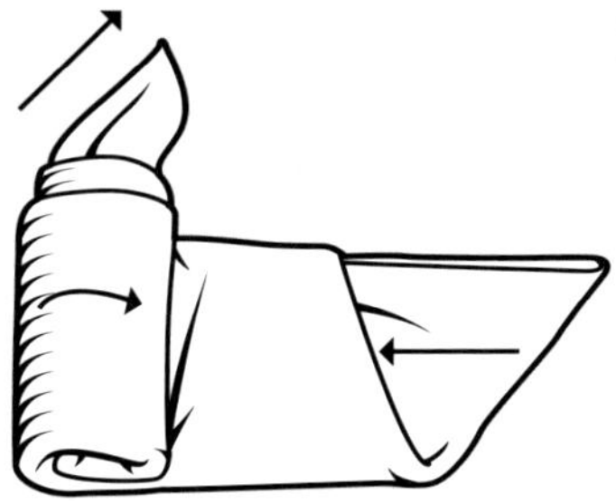

4 Das entstandene Dreieck wie gezeigt horizontal auf ein Drittel falten. Die Faltkanten glatt streichen, um die Falten herauszuarbeiten. Dann die Form wieder entfalten.

5 Die untere Spitze bis zur zweiten Falte hochfalten, dann die Unterkante auf den oberen Rand falten. Die gefaltete Form mit der Handfläche glatt streichen.

6 Nun die beiden Ecken bis zur Mitte fest aufrollen, dann die zwei Spitzen leicht herausziehen. Die gerollte Form mit einer Sicherheitsnadel feststecken.

7 Die Form wenden. Die Spitzen nach unten auf das Gesicht falten, um die Ohren zu formen. Die quer verlaufende Kante unter den Ohren kann etwas aufgerollt werden, damit sie vergrößert werden können.

8 Den Kopf auf den Körper setzen, erst den schwarzen Augenfleck, dann Augen, Nase und Zunge aus Filz ergänzen (Vorlagen siehe S. 76).

Schwan

Wer liebt ihn nicht, den eleganten Schwan, der unsere Märchen bevölkert und die Fantasie beflügelt. Für dieses klassische Origami-Modell wird das größte, flauschigste weiße Badetuch benötigt, das Sie finden können! Ein einzelner Schwan wirkt sehr grazil, aber ein symmetrisch arrangiertes Paar ist noch beeindruckender.

SIE BRAUCHEN DAFÜR	1 BADETUCH 2 WASCHLAPPEN 2 SICHERHEITSNADELN SONNENBRILLE

3 schwieriger

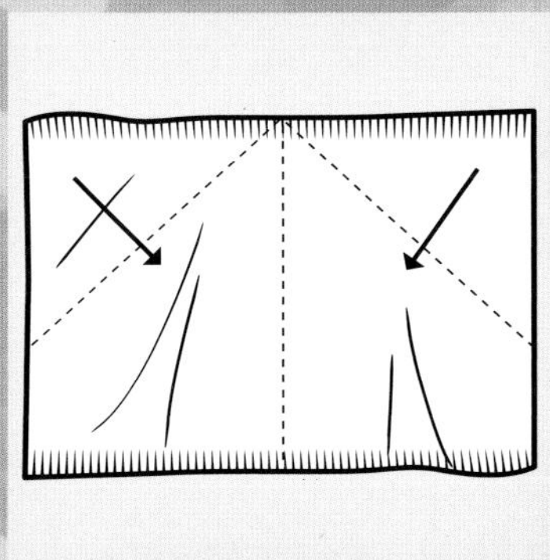

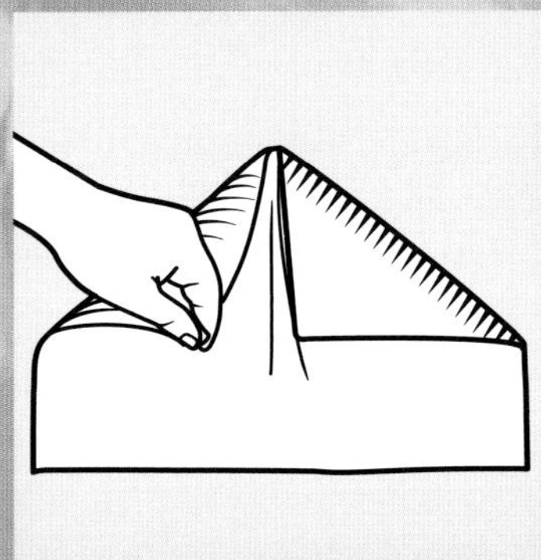

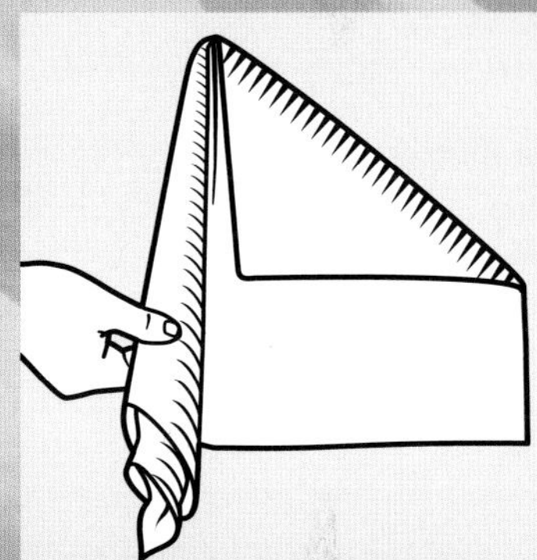

1 Das Badetuch der Breite nach auf die Hälfte falten, um die Mittellinie zu finden. Die Kante glatt streichen. Entfalten, dann die oberen Ecken nach unten falten, sodass sie parallel an der Mittellinie liegen.

2 Die diagonalen Faltkanten mit der Handfläche glatt streichen. Jetzt das Handtuch über die beiden Diagonalen zur Mitte hin fest aufrollen. Da das Handtuch sehr groß ist, ist es am günstigsten, beide Seiten nacheinander aufzurollen.

3 Wenn die erste Seite fest aufgerollt ist, die andere Seite ebenso aufrollen, damit die Form symmetrisch ist. Die erste Rolle darf sich nicht wieder aufrollen.

TIPP

Sie können die Schwanenfamilie durch Küken aus Waschlappen oder kleinen Gästehandtüchern vervollständigen. Als besondere Zugabe für Ihre Gäste können Sie den Schwanenrücken mit duftenden Seifen und Pflegeprodukten bestücken.

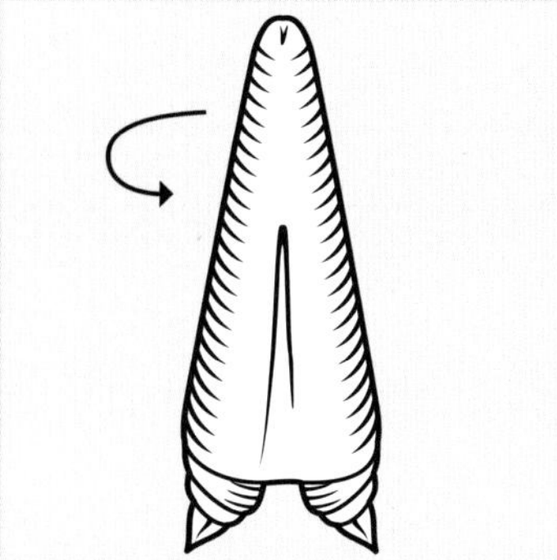

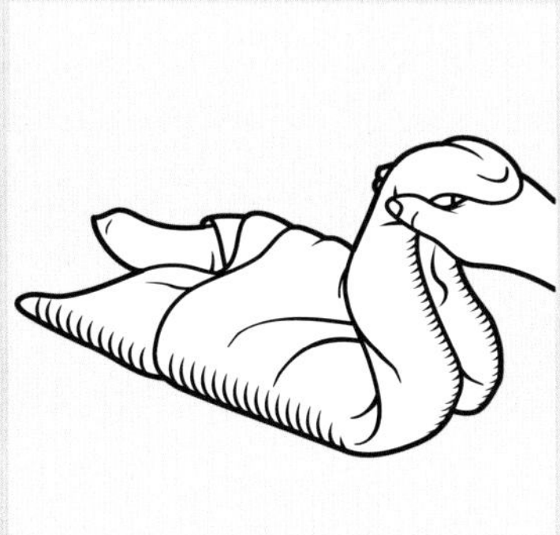

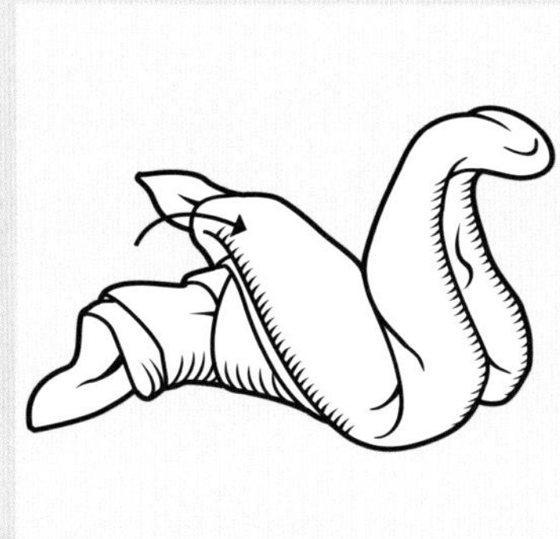

4 Jetzt mit einer Hand unter die aufgerollte Form gleiten, die andere Hand darauf legen. Die Form zügig wenden. Dies ist der Schwanenkörper.

5 Die Hand auf den Rücken des Schwans legen und die gerollte Spitze zum gebogenen Schwanenhals formen. Eventuell muss etwas Kraft aufgewand werden, damit der Hals in Form bleibt.

6 Die Kante, die am Rücken quer über die aufgerollten Spitzen verläuft, aufrollen. Dadurch spreizen sich die Enden nach außen.

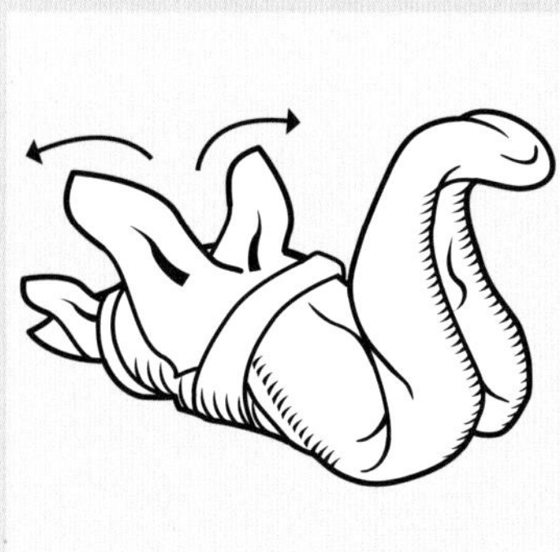

7 Die Spitzen vorsichtig etwas weiter herausziehen und zu Flügeln modellieren. Um die Flügel größer erscheinen zu lassen, können die Seiten mit Waschlappen ausgefüttert werden.

8 Den eleganten Vogel nun noch mit einer Sonnenbrille ausstatten. Durch das Gewicht der Sonnenbrille wird auch die Rundung des Halses stabilisiert. Die Sonnenbrille mit Sicherheitsnadeln feststecken.

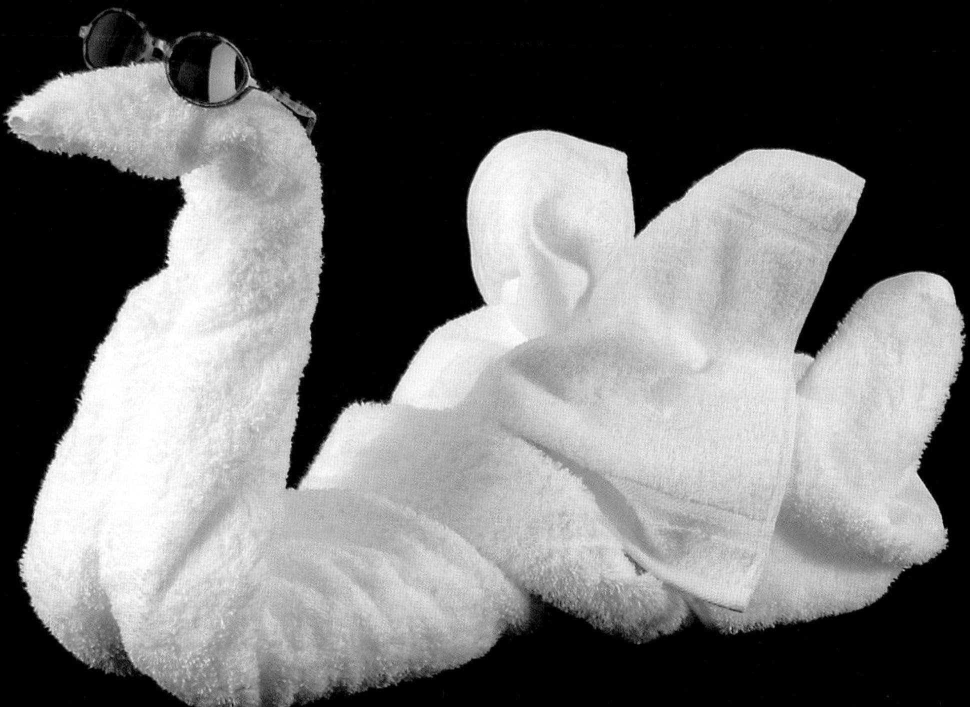

Hänge-affe

Dieser quirlige kleine Kerl kann ganz einfach auf ein Bett oder einen Stuhl gesetzt werden (sein Kopf muss eventuell durch eine Sicherheitsnadel befestigt werden). Mit einer Sonnenbrille oder Augen aus Filz können Sie seinem Gesicht noch mehr Charakter verleihen. Die Rollen und Drehungen, die den Körper des Affen bilden, verleihen der Form Stabilität und bieten große gestalterische Freiheit. Er kann auch mit einem oder beiden Armen von der Duschstange herabhängen. Dabei sollte er aber mit einer Sicherheitsnadel befestigt werden.

SIE BRAUCHEN DAFÜR

1 BADETUCH
1 GÄSTEHANDTUCH
3 SICHERHEITSNADELN
SCHWARZEN UND WEISSEN FILZ
ODER 2 SCHOKOLADENSTÜCKE

3 schwieriger

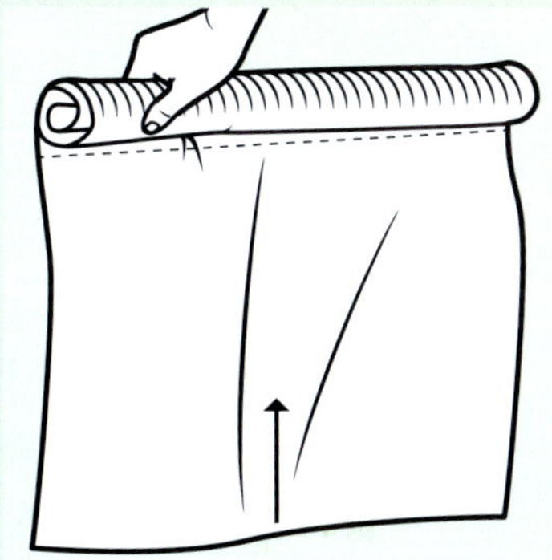

1 Das Badetuch der Breite nach auf die Hälfte falten und die Faltkante glatt streichen, um die Mittellinie herauszuarbeiten. Die Form wieder entfalten. Beide Enden bis zur Mitte hin fest aufrollen.

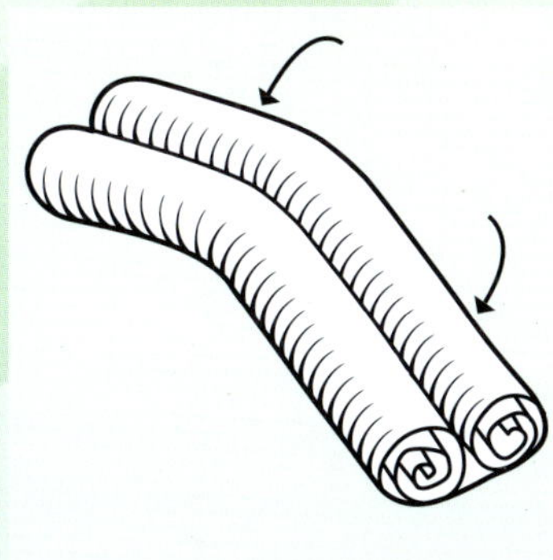

2 Das aufgerollte Badetuch fest mit beiden Händen greifen und zur Mitte hin falten, sodass die Rollen dabei nach außen zeigen. Sie dürfen sich nicht lockern.

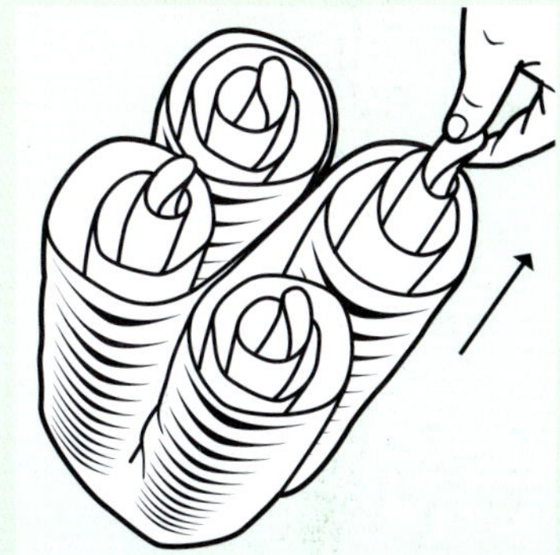

3 Aus jeder Rolle jeweils die Spitze leicht herausziehen. Dann mit einer Hand zwei Spitzen greifen und fest in Pfeilrichtung herausziehen. Dies kann zunächst etwas schwierig sein.

TIPP

Sie können anstelle von Sicherheitsnadeln auch Stecknadeln verwenden, allerdings sollten diese große bunte Köpfe haben, damit sie im flauschigen Stoff des Handtuchs sichtbar sind.

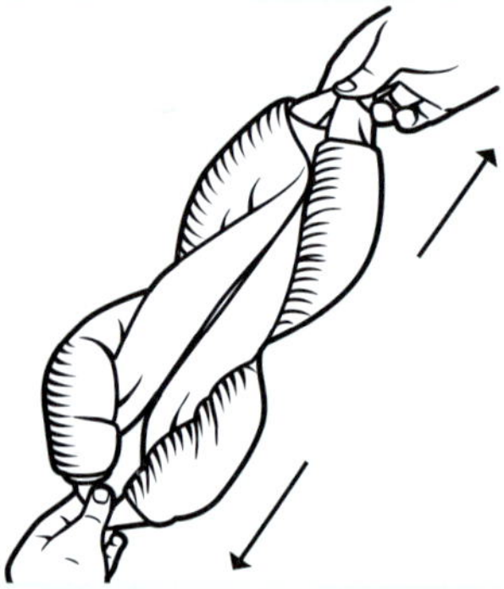

4 Die Ecken aus den Rollen herausziehen. Je zwei Ecken mit einer Hand kräftig voneinander weg ziehen. Es bilden sich Arme und Beine. Den Körper modellieren.

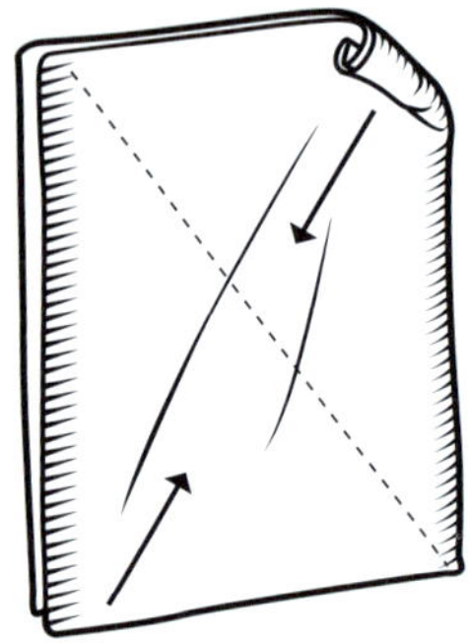

5 Für den Kopf das Gästehandtuch der Breite nach von rechts nach links auf die Hälfte falten. Faltkante glatt streichen. Das Handtuch von der oberen rechten und der unteren linken Ecke zur Mitte hin aufrollen.

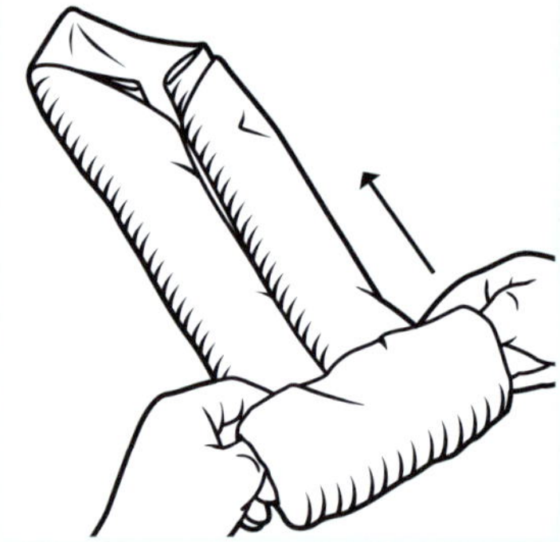

6 Die Rollen in einer Hand halten, mit der anderen Hand die untere Spitze nach oben aufrollen. Dadurch entsteht eine feste runde Form – die Grundform für den Affenkopf.

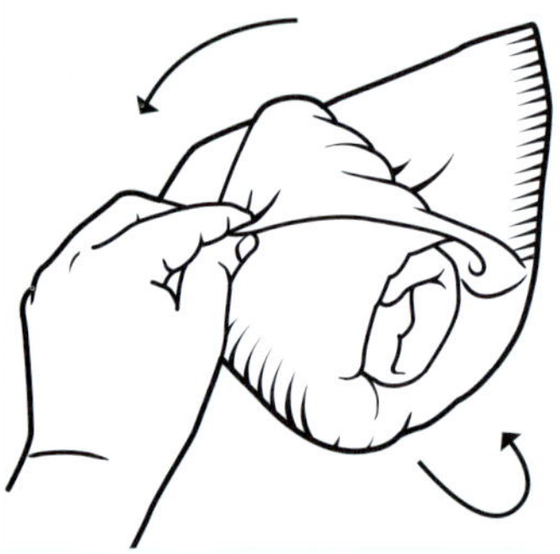

7 Die Form wenden. Die oberste Lage der Spitze nach hinten klappen, um den Mund zu formen. Alle Enden in die Falten hinter dem Kopf stecken und mit einer Sicherheitsnadel befestigen.

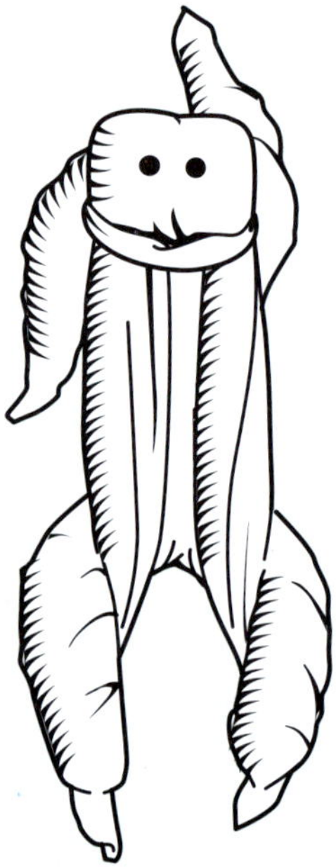

8 Den Körper arrangieren, den Kopf mit einer Sicherheitsnadel befestigen. Filz für die Augen anbringen (Vorlage siehe S. 77), oder Schokoladenstücke mit doppelseitigem Klebeband befestigen.

Elefant

Welche lustige Überraschung für Ihre Gäste, wenn sie diesen Elefanten auf ihrem Bett vorfinden - oder gar eine Mini-Herde in verschiedenen Größen! Diese Elefanten lassen sich aus Tüchern aller Größen, vom Waschlappen über ein Gästehandtuch bis zum Badetuch falten. Das Modell wirkt mit weißen Handtüchern sehr elegant. Mit grauen Handtüchern wirken die Elefanten schon fast echt. Mit pinkfarbenen Handtüchern schaffen Sie eine amüsante Abwechslung.

SIE BRAUCHEN DAFÜR

1 BADETUCH
1 HANDTUCH
1 SICHERHEITSNADEL
SCHWARZEN UND WEISSEN FILZ
ODER 2 SCHOKOLADENSTÜCKE

3 schwieriger

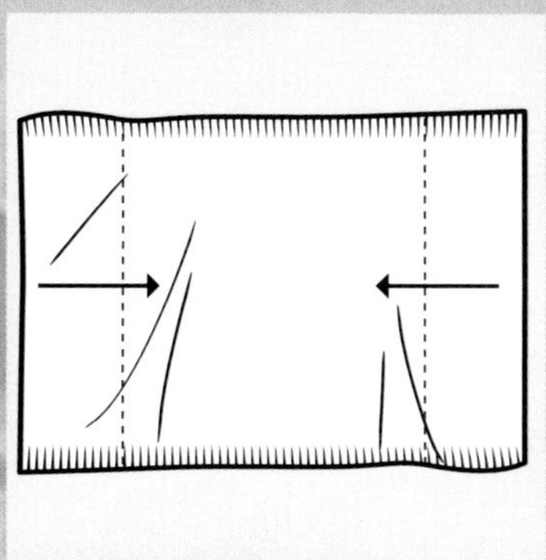

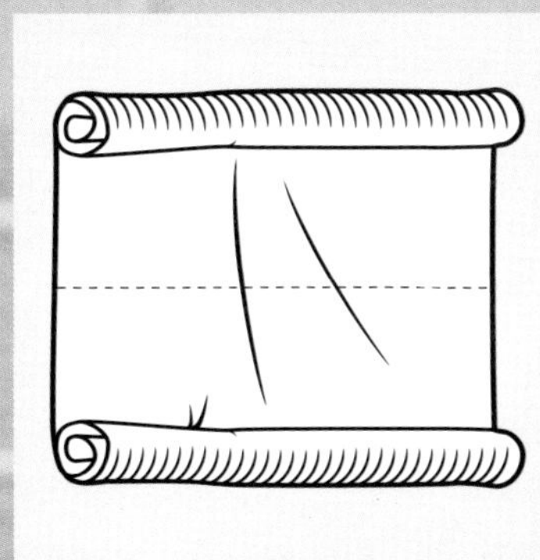

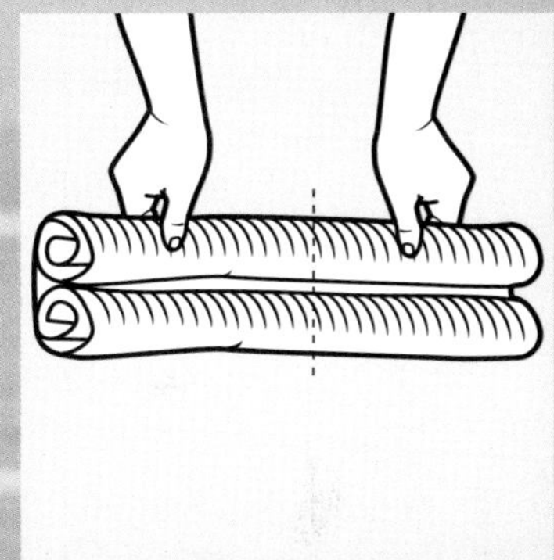

1 Das Badetuch horizontal flach auslegen, dann die beiden seitlichen Kanten etwa 20 cm nach innen einschlagen. Die Faltkanten glatt streichen. Dadurch werden die Beine etwas dicker und der Elefant erhält mehr Standfestigkeit.

2 Das Badetuch der Länge nach auf die Hälfte falten. Die Kante glatt streichen, um die Mittellinie zu finden, und wieder entfalten. Das Badetuch von den beiden Kanten aus zur Mittellinie hin aufrollen.

3 Das aufgerollte Badetuch mit beiden Händen greifen und in der Mitte falten. Die Rollen sollten dabei nach außen zeigen und sich nicht lockern.

TIPP

Die Rollen für den Kopf oder den Rüssel rollen sich manchmal von selbst wieder auf. Stabilisieren Sie sie mit einer Sicherheitsnadel. Wenn Sie für den Körper ein Handtuch verwenden, setzen Sie für den Kopf ein Gästehandtuch ein.

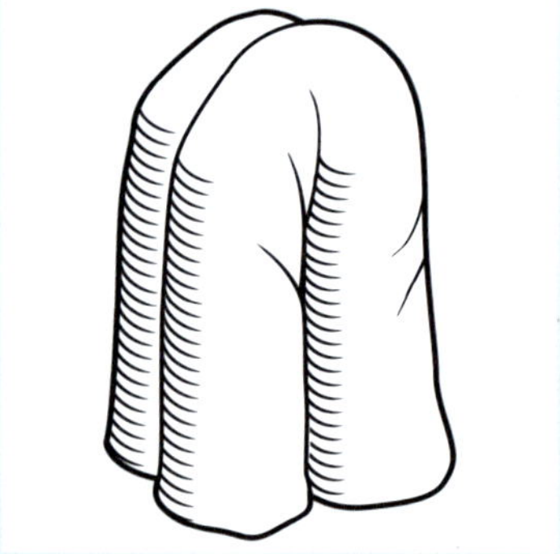

4 Die Form aufstellen und die Rollen am unteren Ende jedes Beins eventuell leicht öffnen, damit der Elefant fest steht. Der Elefantenkörper ist nun fertig.

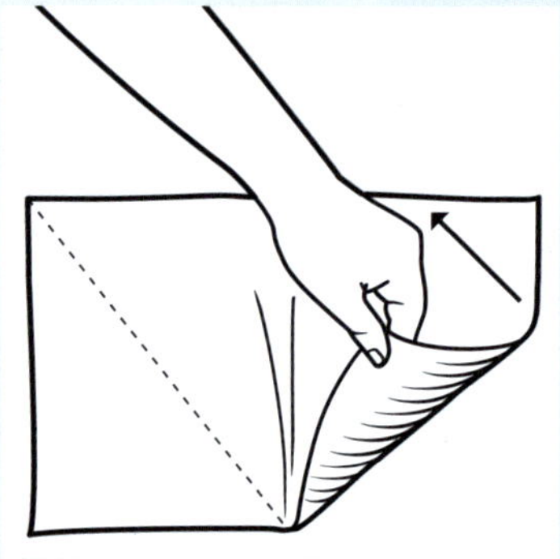

5 Für den Kopf das Handtuch der Breite nach auf die Hälfte falten und die Kante glatt streichen, um die Mittellinie zu finden. Wieder entfalten, die beiden unteren Ecken an die Mitte der Oberkante legen.

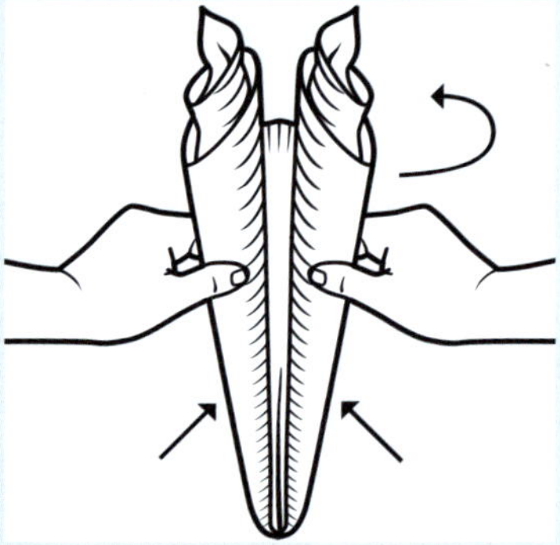

6 Die Diagonalen Richtung Mitte rollen. Wenn möglich, rollt man am besten beide Seiten gleichzeitig auf. Der mittlere Bereich wird sich leicht kräuseln und so den Rüssel bilden.

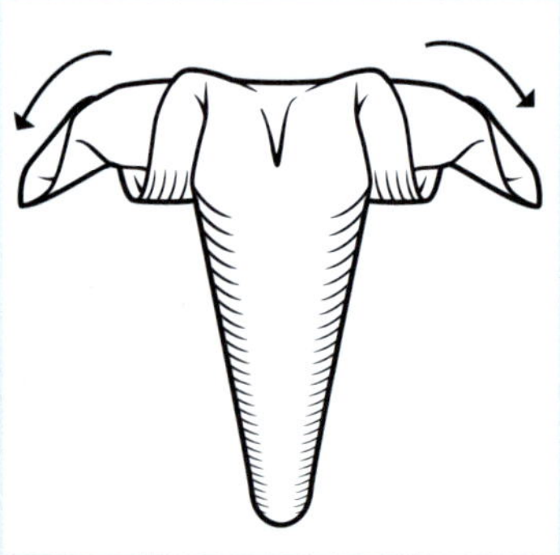

7 Die Form wenden, den Rüssel mit einer Hand fest greifen. Die oberen Spitzen zur Seite ziehen, um die Ohren zu formen. Den Stoff etwas öffnen, um die Ohren zu vergrößern.

8 Den Kopf mit Sicherheitsnadeln fixieren. Augen aus Filz (Vorlagen siehe S. 77) aufsetzen oder Schokoladenstücke befestigen. Auch eine Sonnenbrille sieht lustig aus!

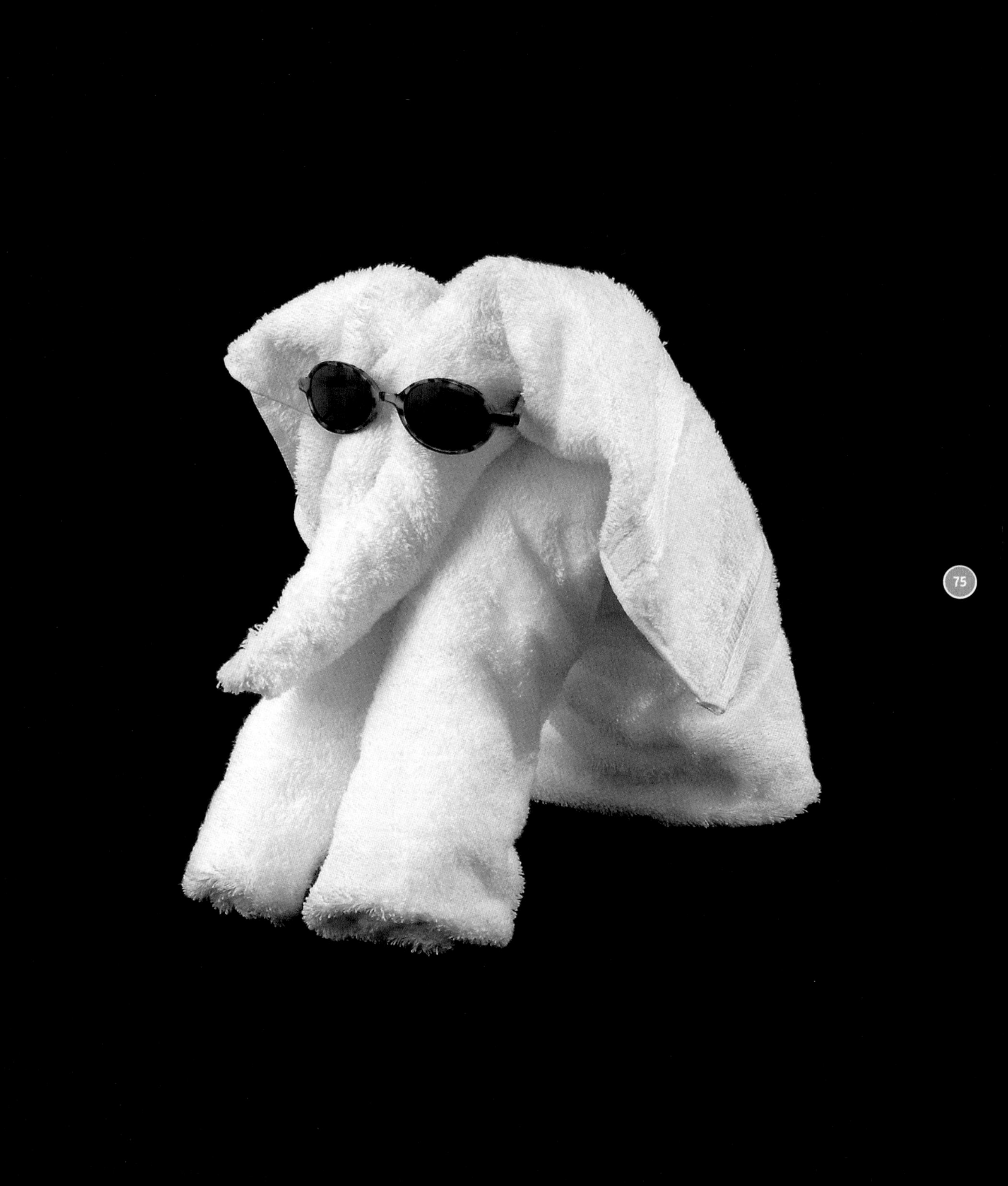

Vorlagen

Ergänzen Sie Ihre gefalteten Kunstwerke durch Augen, Nase oder andere Elemente aus Filz oder Tonpapier. Mit diesen Vorlagen in Originalgröße können Sie die Modelle in diesem Buch hübsch verzieren.

Hundeaugen

Hundenase

Hundezunge

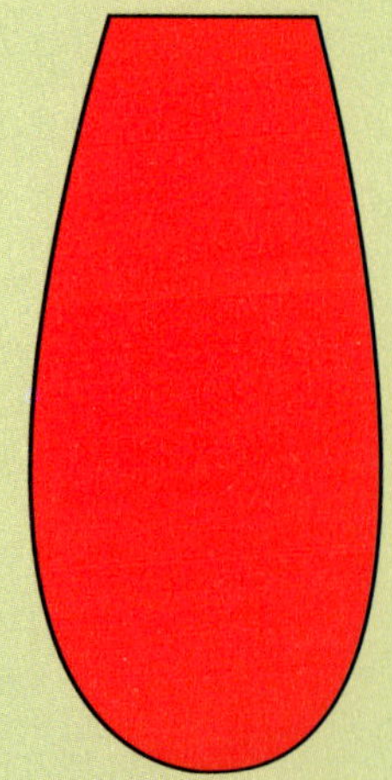

1 Formen auf festes Papier oder Karton übertragen, ausschneiden und mit Nadeln auf Filz befestigen.

2 Die Filzform ausschneiden und mit Stecknadeln oder doppelseitigem Klebeband auf dem Modell befestigen.

Augenfleck

Augen für alle Modelle

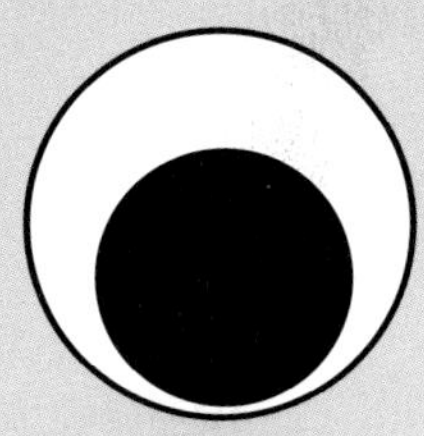

Marienkäferpunkte

Wolkenkratzer

1 Die Formen für den Wolkenkratzer auf festes Papier übertragen.

2 Aus dem Papier ausschneiden und mit doppelseitigem Klebeband auf der Rückseite des silbernen Tonpapiers befestigen.

3 Die erforderliche Anzahl von Formen aus dem silbernen Tonpapier ausschneiden und mit doppelseitigem Klebeband am Modell befestigen.

2 Formen

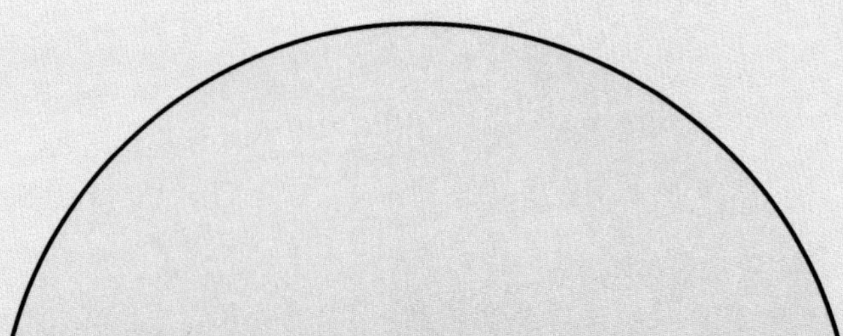

2 Formen

16 Formen

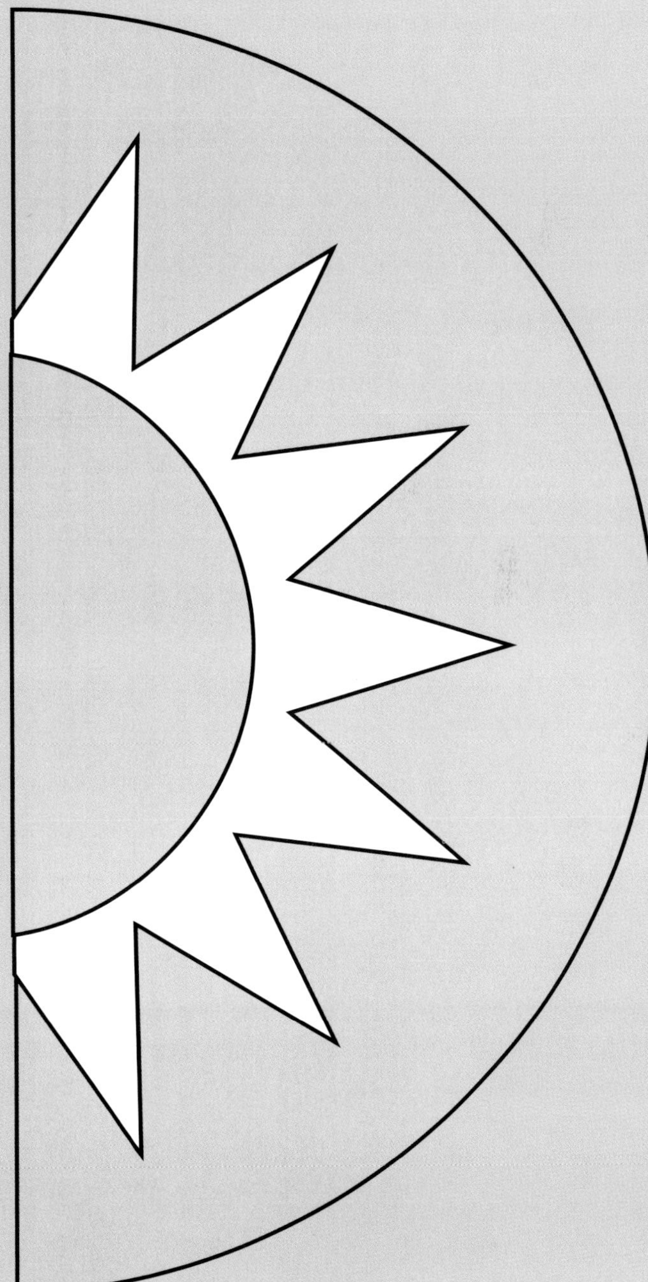

2 Formen

Register

Dank

Der Verlag dankt Christy für die Bereitstellung der Handtücher, die zur Realisierung der Projekte in diesem Buch verwendet wurden.

www.christy-towels.com